なぜ彼は日本一の成功者になったのか

松下幸之助

世界でいちばん「しあわせ」を売った男

上阪 徹
Toru Uesaka

［協力］
パナソニックミュージアム
松下幸之助歴史館

実務教育出版

はじめに

こんな日本人がいたことを、知ってほしい

1989（平成元）年4月27日。一人の人物の訃報にテレビはニュース速報を打ち、新聞は号外を発行。NHKは夜の7時にトップニュースとして報じ、予定を変更して、特別番組が放送されました。

この訃報は瞬く間に世界を駆け巡り、アメリカのニューヨーク・タイムズ、イギリスのフィナンシャル・タイムズなど、欧米をはじめ各国の主要メディアによって大きく報じられました。

この訃報の主こそ、松下幸之助、その人です。密葬には1万2000人が、大阪・枚方の松下電器体育館で行われた松下グループ各社の合同葬には約2万人が参列。日本の経済人として過去に例を見ない規模の葬儀には、アメリカ合衆国大統領をはじめ、世界中から多数の弔電が

寄せられました。

こんなエピソードが残されています。当時はまったくの無名でしたが、やがて日本を代表する起業家となる人物が、ひっそりと一般弔問客として参列、記帳していたというのです。これは長く社内だけで語り継がれてきたそうです。

9歳で大阪・船場の商店の丁稚《でっち》となり、23歳だった1918（大正7）年に設立した松下電器（現パナソニック ホールディングス）は、驚くほどの成長、発展を見せて大企業に成長。後に売上高8兆円、従業員数30万人という日本を代表する巨大グループになっていきます。松下幸之助は、その経営の力量から、「経営の神様」と呼ばれました。

何をもって成功とするか、という定義にもよるのかもしれませんが、日本の近代100年の歴史において、松下幸之助は日本で最も成功した1人に数えられることは間違いないでしょう。

筆者は長く著名人に取材を重ね、数千人以上にお会いしてきましたが、松下幸之助が日本一の成功者であったことを否定する人は、誰もいないと思います。

そして縁あって2023年にパナソニック ホールディングスの取り組みについて書いた『ブランディングという力』（プレジデント社）の制作で、松下幸之助という人物について詳しく取材することができたのでした。

改めて感じたのは、この１００年で最も成功した人物であるのであれば、この人物以上に日本人が何かを学べる人はいないのではないか、という思いでした。

折しも、５６０万部を超えるベストセラーとなっている彼の著書『道をひらく』（ＰＨＰ研究所）は、日本代表のサッカー選手たちの間で読み継がれていることを耳にしました。


個人情報保護が進んだ今では想像もつかないかもしれませんが、かつては個人の高額納税者名が公表され、ランキング化されていました。筆者が小学校の頃、毎年のようにそのトップに名を連ねていたのが、松下幸之助でした。50代の筆者の同世代では、成功を遂げた人、経営の神様という以上に「日本一のお金持ち」というイメージが強いかもしれません。

ただ、「日本一のお金持ち」ともなれば、やっかみの声も大いに想像できます。ところが、松下幸之助については、そんな声はほとんど上がらなかったのです。むしろ、成功者でありながら、多くの人々に愛され、多くの人々から尊敬され、応援されたのでした。

学歴があったわけではありません。小学校を中退しているのです。有名な組織に所属していたなど、華麗な経歴があるわけでもありません。特殊な資格をもっていたわけでも、天才的な技能を持っていたわけでもない。体も弱かった。では、何が彼をここまでの人にしたのか。なぜ、これほど大きな成功を手にできたのか。大きな幸運がどうして彼のもとにやってきたのか。

通産省（現経済産業省）を経て作家となり、経済企画庁長官なども務めた堺屋太一は、松下幸之助をして「幸せを売る男」と評しました。人々が松下幸之助の成功に拍手喝采し、彼を称賛したのは、彼が人々の幸せを追求したからです。

松下幸之助について記された著作はたくさんあります。そこで語られているのは、松下幸之助の高邁な精神であり、庶民性であり、幾多の困難を乗り越えた精神力であり、自らの道を切りひらいていった生き方です。

松下幸之助はたくさんの言葉を残しましたが、実はその多くは後年になってから言語化されていったものだと言われています。言葉や思いは、最初からはっきりと幸之助の中にあったわけではなかったのです。それは、幸之助自身の成長に伴い、少しずつはっきりとしていったのでした。幸之助の言葉を本当の意味で理解するには、彼の人生のゆるやかな歩みとともに少しずつ読み解いていくことが大切なのではないか、と筆者は考えました。

パナソニック ホールディングスには、松下幸之助の生涯についての資料がたくさん残されています。本書では、特に同社のホームページに掲載されている「松下幸之助の生涯」を活かしながら（編集部注　引用した文章の見出しにはすべて幸之助の写真を付しました。また必要に応じて編集を加えています）、折々を解説し、幸之助の思いや言葉を学び進めていくことを目指しました。

日本では、小学校の教科書に登場することもあるようです。聖徳太子や坂本龍馬と並ぶ偉人のように思っている人もいると聞きます。

しかし、松下幸之助は偉大な人ではありましたが、偉人ではありません。決して天才でもなかった。「偉大なる平凡人である」と評していた評論家もいますし、そう語る社員も少なくありません。別の言葉で言えば、誰でも手の届く人。誰でも近づける人。そして、一緒に歩める人です。彼に一歩でも近づけるということは、人生の成功に一歩でも近づける、ということを意味します。

日本にも、こんな人物がいたのです。日本が元気を失っている今こそ、多くの方に、松下幸之助を、松下幸之助の生き方を、その考え方を知っていただけたら、と思います。

（文中敬称略）

目次

第1章▼「素直」という哲学

第2章 ▼ 幸運をつかめる人がしていること
——仕事ができる、それだけでいいのか …… 67

第3章 ▼ 人がしないことをこそ、する

第4章▼断じて驕るなかれ
――うまくいったときに、浮かれてはならない……

松下電器産業株式会社に改組……126
好調なときにこそ、気をつけなければいけない……127
基本内規を制定　1935（昭和10）年　40歳……128
ナショナル電球（株）を設立　1936（昭和11）年　41歳……129
高野山に物故従業員慰霊塔を建立　1938（昭和13）年　43歳……131
苦しい中でも、一筋の光明を見つけられないか……132
「3つの心得」を通達　1939（昭和14）年　44歳……132
テレビの公開実験に成功……133
第1回経営基本方針発表会を開催　1940（昭和15）年　45歳……134
発明者・考案者番付　1941（昭和16）年　46歳……136
多くの人の心を一つにすることは難しい……137

第5章 繁栄こそが幸福で平和な生活をもたらす
――間違っていることは、間違っている

7つの制限を受ける……151
財閥指定に抗議……152
公職追放除外嘆願運動が起こる……153
人間は危機的状況のとき、その真価が現れる……155
PHP研究所を創設　1946（昭和21）年……156
会社の苦境を従業員全員に訴える　1948（昭和23）年　54歳……157
物品税の滞納王と報道される　1949（昭和24）年　54歳……158
できないのであれば、できることをする……160
緊急経営方針発表会を開催　1950（昭和25）年　55歳……162
「再び開業する心構え」を説く　1951（昭和26）年　56歳……163
アメリカ視察の旅に出発……164
言葉がわからなくても、見えてくるものがある……166
輪界復帰を発表　1951（昭和26）年……168
中川機械（株）と提携　1952（昭和27）年　57歳……169
フィリップス社と技術提携……170

足りないものがあるなら、教えを請えばいい……171
乾電池の自主開発を決意　1952（昭和27）年　57歳……172
日本ビクター（株）と提携　1954（昭和29）年　59歳……174
「人々を幸せにできる」と信じられたからこそ……175
「5ヵ年計画」を発表　1956（昭和31）年　61歳……176
「できるはずがない」と思えるような目標を掲げる……178

第6章▼リーダーの条件
——夢、本気、そして責任

……179
大きな夢は、周囲をも動かしていく……180
オレンジ・ナッソ勲章を拝受　1958（昭和33）年　63歳……180
アメリカ松下電器を設立　1959（昭和34）年　64歳……181
「5年先に週5日制を」と発表　1960（昭和35）年　65歳……183
オランダを夫婦で訪問……184

突如、社長退任を発表　1961（昭和36）年　66歳……185
私利私欲には、真正面からぶつかっていく……186
従業員の福祉基金に私財2億円を寄贈　1961（昭和36）年　66歳……188
本社新社屋が竣工……189
PHP研究を再開……190
「所得倍増の二日酔い」を発表……192
利益がないというのは、役立っていない証拠……193
タイム誌で紹介される　1962（昭和37）年　67歳……195
「経営指導料」について発表　1963（昭和38）年　68歳……195
中央研究所の新社屋が竣工……196
NHKで池田総理と対談……198
社会のリーダーが、いかに重要な存在か……199
海外から賓客が来訪　1955（昭和30）年代後半～……200
CIOS主催の国際経営会議で講演　1963（昭和38）年……201
大阪駅前陸橋の寄贈を発表　1964（昭和39）年　69歳……202

社会の宝物に対して、できることをする …… 203
販売会社社長懇談会を開催　1964（昭和39）年　69歳 …… 204
「共存共栄」の色紙を贈呈 …… 206
「責任は自分たちにある」と言えるか …… 207
ライフ誌で紹介される …… 208
大型コンピュータ事業から撤退 …… 210
「ダム経営」について発表　1965（昭和40）年　70歳 …… 211
本気で願わなければ、成せるものも成せない …… 212
週5日制を実施　1965（昭和40）年 …… 214
早稲田大学の名誉法学博士に …… 215
「5年後に欧州を抜く賃金を」と発表　1967（昭和42）年　72歳 …… 216
リーダーは、夢を絶やしてはいけない …… 217
「松下電器歴史館」が開館　1968（昭和43）年　73歳 …… 218
創業50周年記念式典を挙行 …… 219
「児童の交通等災害防止対策資金」を寄贈 …… 220

第7章 ▼ 社会の発展のために尽くしたい
——多くの人の幸せを願う生き方

——多くの人の幸せを願う生き方……237

世の中の役に立つという思いで、生涯現役……238

『崩れゆく日本をどう救うか』を発刊　1974（昭和49）年　79歳……239

松下労組の結成30周年記念式典に出席　1976（昭和51）年　81歳……240

米国パナソニック社を訪問……242

それぞれの国や地域の繁栄に貢献しているか……243

『私の夢・日本の夢　21世紀の日本』を発刊　1977（昭和52）年　82歳……245

創業60周年を迎える　1978（昭和53）年　83歳……246

「パングリマ・マンク・ネガラ勲章」を受賞　1979（昭和54）年　84歳……247

中国を訪問……248

大きな視野に立ち、未来を描いて行動する……249

松下政経塾を開塾　1980（昭和55）年　85歳……250

命を投げ出せるほどに、強い使命感を持てるか

命を投げ出せるほどに、強い使命感を持てるか……252
創業命知50年記念式典を開催　1981（昭和56）年　86歳……253
日本国際賞授章式が挙行される　1985（昭和60）年　90歳……254
松下記念病院が竣工　1986（昭和61）年　91歳……255
ツイン21ビルが竣工……256
勲一等旭日桐花大綬章を拝受　1987（昭和62）年　92歳……257
94年の生涯に幕　1989（平成元）年　94歳……257

多くの人の幸せを意識できるか

多くの人の幸せを意識できるか……258

おわりに……260

【序章】

「真の使命」を知るとき、人は変わる

——250年計画と幸之助の願い——

真の経営とは何かを知る

最初に、松下幸之助が生涯で最も重要だったと感じていた出来事について、ご紹介しておきたいと思います。「命知《めいち》」。すなわち「使命を知った」ときのこと。1932（昭和7）年3月、幸之助が37歳のときのことです。

1918（大正18）年に設立した松下電器は創業期の苦境を乗り越え、10年後の1929（昭和4）年には従業員が300人を超える規模の会社になっていました。

当時は、電化は始まったものの、電化製品などほとんどない時代。それこそ、ようやく天井から吊るされた電球が一つだけ、という家庭がほとんどだったのではないかと想像します。そんな中で、ソケット、ランプ、アイロンなど、世の中が求めていた商品を手頃な値段で展開していったのが、松下電器でした。

そうした商品の開発力に加え、会社の大きな発展の原動力になったのは、会社に対する幸之助の考え方でした。自分が立ち上げたとはいえ、会社は自分のものではなく、社会からの預かりものだ、と考えていたのです。そして単なる個人の利潤追求を目指さず、社会の発展に寄与することをこそ、目指していました。

しかも、それを本当に実践していきます。世界が大不況に見舞われ、社会不安すら高まった1929（昭和4）年の大恐慌の際も、幸之助は従業員を解雇しませんでした。給料も全額支給しました。これに従業員も応えて休日を返上して在庫販売に奔走。会社は活況を呈するほどになるのです。

創業から13年後の1931（昭和6）年には、配線器具、電熱、ラジオ、ランプと乾電池の4部門に200あまりの製品を持ち、本店、各支店、出張所、8つの工場で働く従業員は1000人に達していました。

この翌年の1932（昭和7）年、幸之助は取引先の人の勧めで、ある宗教法人の本部に参詣することになります。これが、使命を知るきっかけとなりました。

事業の真使命に思い至る

◯1932（昭和7）年▼37歳

知人の案内で、某宗教本部を訪れたのは、1932（昭和7）年3月のことであった。

別に信仰する気などなかったものの、知人の熱心な勧めもあって、ある程度はその宗教に関心をもっていた。

来てみて、驚いた。建物の壮大さもさることながら、教祖殿の建築や製材所で働く信者たちの喜びに満ちた奉仕の姿。彼らは報酬をもらっているわけではないのに、だ。幸之助は胸を打たれた。

感銘を受けつつも、知人と別れ、帰途についた。そして電車の中で、先刻見たことを考えた。そのうちに、事業経営のあり方に思い至った。

なるほど、宗教は思い悩んでいる人々を救い、安心を与え、人生に幸福をもたらす。精神の安定を生み出すことで、人を幸せにしている。崇高な使命に立つ聖なる事業だ。そこに携わる人たちは喜びに溢れて活躍し、真剣に努力している。これは、なんと優れた経営ではないか。

そして幸之助は、さっき見た光景を、自らの事業と経営に重ね合わせていた。真の経営とは何か。そもそも、自分の事業の使命はなんなのだろうか。

帰宅後も考え続ける幸之助の頭に、はっきりと浮かんできたことがあった。

「事業経営も、人間生活に必要な物資を生産する聖なる事業ではないだろうか」

こう悟ったとき、目を開かれる思いであった。

「昔から、ことわざがある。〝四百四病の病より貧ほどつらいものはない〟。われわれには、その貧乏をなくすことができるのではないか」

「刻苦勉励、生産に次ぐ生産でこの世に物資を豊富に生み出す尊い使命があるのではないか」

幸之助は、そう自覚した。今まではただ商売の常道に従っていたにすぎないが、これからはこの真使命に立って事業経営を進めよう。そう決心した。自己にとらわれた経営、単なる商道としての経営の殻を破らねばならない。その使命を自覚したのだ。

いつしか夜も更けていた。漆黒の闇の中で、初めて自らの事業の真の使命に目覚めた幸之助は、ひとり震えるような感激を覚えていた。

人を動かす力とは……

広大な敷地を持つ宗教団体の本部には、さまざまな建物がありましたが、それは全国の信者から献じられた材木を使って作られていました。大恐慌後の不況の最中に、信者から献木が山のようにやってきていたのです。

さらに進められている作業は無償の奉仕だというのに、人々は嬉々として取り組んでいました。この姿に、幸之助は心打たれたのでした。宗教は崇高な使命に立つ聖なる事業。しかし、と幸之助は気づくのです。

当時の日本は、まだまだ貧しかった。貧しさに苦しむ人が多かった。ならば、そんな人間の生活に必要な物資を生産する事業も、貧しさを克服するという社会課題の解決につながる聖なる事業なのではないか、と。

宗教には人を動かす力がある。しかし、事業にもあるのではないか。

「物心一如《ぶっしんいちにょ》」という仏教の言葉があります。ものと心の両面での豊かさに満ちた社会。心の豊かさと、物の豊かさ。心の豊かさを宗教が担うならば、物の豊かさを事業が担えばいい。

そして後に、その両方が事業によって担えることに幸之助は気づいていくことになるのです。

第1回創業記念式を挙行

◯1932（昭和7）年

1932（昭和7）年5月5日、端午の節句を期して、全店員を大阪の中央電気倶楽部に集め、そこで先日の体験に触れ、幸之助は松下電器の真使命を闡明《せんめい》した。

「産業人の使命は貧乏の克服である。そのためには、物資の生産に次ぐ生産をもって、富を増大しなければならない。

水道の水は価《あたい》あるものであるが、通行人がこれを飲んでもとがめられない。それは量が多く、価格があまりにも安いからである。

産業人の使命も、水道の水のごとく、物資を無尽蔵たらしめ、無代に等しい価格で提供することにある。それによって、人生に幸福をもたらし、この世に楽土を建設することができるのである。松下電器の真使命もまたその点にある」

そして、この真使命を達成するために、建設時代10年、活動時代10年、社会への貢献時代5年、合わせて25年間を1節とし、これを10節繰り返すという壮大な250年計画を提示したのである。

その崇高な使命、遠大な理想に、全員は驚き、言いようのない感動に包まれた。緊張した会場は、いつしか興奮のるつぼと化した。

「所主告辞」に続く「答辞」のあと、全員の所信発表が始まった。上席店員も新入の者も、老いも若きも壇上に上がろうと列をなし、駆け上がる者が続出した。幸之助は自分の考えが正しかったことを確信した。

松下電器はこの年を創業命知（真使命を知る）第1年とし、以後、毎年5月5日を創業記念日に制定、厳粛に式典を挙行していく。

人は変われる

幸之助は、自らの「使命」への気づきを、幹部社員たちに共有し、自覚してもらわなければならない、と思い立ちました。事業は、当時の日本が抱えていた「貧乏」という大きな社会課題を克服できる。それこそが産業人の使命ではないか、と。

そして、式典の壇上から表明したのが、壮大な楽土の建設、つまり理想の社会の実現でした。これこそが、松下電器の真の使命である、と伝えたのです。つまり、我々は理想の社会の実現のために働いている。自分たちが頑張る理由を、わかりやすい言葉で明らかにしたのです。

その使命遂行の手段が、途方もないスケールのものでした。

一つは水道から出る水のように物資を生み出し、安い価格で提供する。これは当時から見れば驚くほどに豊かになった、まさに今につながる発想と言えます。後に、幸之助の「水道哲学」と周囲からは呼ばれるようになりました。

もう一つが250年計画です。「今のみならず、250年後の人たちが理想の社会を実現できるよう、使命を遂行しなければならない」と説いたのです。

なぜ25年が一節なのかというと、当時の平均寿命では人生50年だったから。一人が一生懸命に会社で働けるのは、25年。それを10世代続けたら、世の中はきっともっと良くなる。250年計画とはつまり、未来に託した幸之助の願いでもあったのです。

それにしても10世代、250年で楽土を建設しようとは、なんという壮大な発想でしょうか。使命に基づく経営と、壮大な未来への夢。それを担うのが我々だ、堂々と働いて堂々と担おうではないか、というメッセージは、従業員を熱狂させることになりました。この「真使命」を経て、松下電器の成長は、さらに加速していくことになるのです。

しかし、「真使命」は宗教人や産業人だけにあるわけではありません。あらゆる仕事に、また勉強でも、スポーツでも、友だち付き合いにも、家族関係にも、あらゆる役割に実はあります。

自分が担う真の意味は何か。その使命は何か。そこに思いを馳せるとき、きっと人は変わる。

行動が変わる。生き方が変わる。
松下幸之助は、このことを教えてくれています。

【第1章】

「素直」という哲学

——人生はいつか巡り巡ってくる——

自然でいること、素直であることは実は難しい

生きていく上で大事なこと、また成功の要件の一つとして、松下幸之助がたびたび挙げているのが、「素直さ」です。

560万部を超える大ベストセラーとなった『道をひらく』でも、2つ目の項目として「素直に生きる」が掲げられています。

「素直さは人を強く正しく聡明にする。逆境に素直に生き抜いてきた人、順境に素直に伸びてきた人、その道程は異なっても、同じ強さと正しさと聡明さを持つ」

同書でもう一つ、注目したいのが「自然とともに」。自然には何の私心もなく、何の野心もない。だから自然は美しく秩序正しい。自然に従った素直な態度を取れば世の中は成功するようになっている、というのです。

ところが、人はなかなかそれができない。感情や立場、地位や名誉にとらわれる。自然で素直な心になれないのです。とらわれるから、うまくいかなくなる。素直な心があれば幸せになれるのに。

その一方で、素直であることは難しい、とも語っています。晩年でも、「まだ私は素直の初段くらいや」と語っていたというエピソードがあります。

そんな素直の大切さを育んだのが、幸之助の子ども時代です。やがて成長し、寛容にして私心なき心、広く人の教えを受ける心、分を楽しむ心、の3つの心を意識するようになります。

幸之助は小学校しか通っていませんでしたが、その素直な心で周囲からたくさんのことを学んでいったのでした。「自分には学がない」「自分は一番下だ」「人こそが先生だ」といろんな人の声に耳を傾け、自分の血肉にしていきました。

和歌山県和佐村に生まれる

◯1894（明治27）年11月27日

はるか大台ヶ原山に源を発する奈良県の吉野川は、途中の山々からも清冽な水を集めつつ西に下り、和歌山県に至って紀ノ川となる。その水の豊かさと碧さをたたえて、紀ノ川は今も昔ながらに悠々と流れている。

松下幸之助は、その河口を10キロ余りさかのぼった南岸沿いの農村に生まれた。現在は和歌山市に入るが、当時の地名は和歌山県海草郡和佐村字千旦ノ木である。時に、189

4（明治27）年11月27日、日清戦争さなかのことであった。

父は松下政楠、母はとく枝という。８人兄弟で３男末子の彼は、両親にとくにかわいがられて育った。家が樹齢数百年はたつという松の大樹の下にあったところから、松下の姓はつけられたという。

村では小地主の階級にあり、かなりの資産家だった。幼いころの彼は子守りと一緒に川で魚を釣ったり、鬼ごっこをしたりして、平穏な日々を送っている。

そんな幸せな暮しも長くは続かず、彼はやがて波乱の人生を送ることになる。

父が米相場に失敗

○１８９９（明治32）年▼４歳

日清戦争を契機に、全国に産業振興の波が押し寄せた。そうした機運を反映してか、投機熱も異常に高まり、１８９３（明治26）年に各地に設置された米穀取引所は活況を呈した。和歌山米穀取引所でも、しきりに米相場が立てられていた。

父の政楠は、百姓仕事は小作人に任せ、村会や役場の仕事に携わることの方が多かった。若くして村会議員に選ばれたこともある。進取の気性に富み、そうした機運の高まりにも興味を持ったのか、米相場に手を染めた。

しかし、慣れないこととてうまくいくはずはなく、結果は失敗し、松下家は一転して困窮生活を強いられることになった。先祖伝来の土地も家も売却し、一家は住み慣れた千旦ノ木をあとに、和歌山市に移った。1899（明治32）年、幸之助満4歳の時である。

父はわずかな資金を元手に、知人のつてで履物屋を始めたが続かず、2年余りで閉店した。1902（明治35）年7月、父は創立間もない私立大阪盲唖院に職を得て、単身大阪へと出発した。

紀ノ川駅から大阪に旅立つ

◯1904（明治37）年▼9歳

晩秋の紀ノ川駅で母と別れ、1人大阪行きの汽車に乗ったのは、1904（明治37）年11月23日、幸之助が満9歳の時だった。大阪で働いていた父からの手紙で、丁稚奉公に出ることになったのである。

尋常小学校4年生で、小学校もあともう少しで卒業という時だったが、彼は別にこだわりもなく、奉公に出ることを承知した。

当時、日露戦争は激しさを加えており、前途のおぼつかなさが母の胸を締めつけた。駅で、母は、大阪へ行く乗客に、「幼い子どもですが、あちらに着けば、父親が迎えに来ていますので、どうか途中よろしくお願いします」と懸命に頼んだ。

彼は、母と別れる悲しさもあったが、初めて汽車に乗れるうれしさもわいた。それにまだ見ぬ商都大阪へのあこがれや父との対面も思われて、悲喜こもごも言い知れぬ思いにひたっていた。

「体に気をつけてな。先方のご主人にかわいがってもらうんやで」

目に涙を浮かべ、こまごまと言ってきかせる母の姿……。その時の情景は、いつまでも幼い幸之助のまぶたに焼きついて離れなかった。

火鉢店に奉公

最初の丁稚生活は、大阪市南区八幡筋にあった宮田火鉢店から始まった。ここでの仕事は、朝早く起きて、拭き掃除をし、子守りの合間に火鉢を磨くことであった。

火鉢の上等下等によっていろいろな磨き方があったが、初めペーパーで磨き、それからトクサをかけて仕上げをする。高級なものになると1つに1日中トクサがけをやらされたので、彼の手はたちまちすりむけてはれあがった。

冬のことであったから、朝の拭き掃除の時に、水がしみて彼は困った。しかし、和歌山の家でも相当な困窮生活を強いられていたから、彼はそれほどつらいとは思わなかった。

夜、店が閉まって寝床に入ると、しきりに母のことが思い出されて、つい涙が流れた。その後、時々母が恋しくなり、寝床の中で泣く〝泣きみそ〟の自分を、幼い彼はどうすることもできなかった。

強い正義感、清廉潔白さが多くの人を惹きつける

9歳といえば、今ならまだ小学校4年生。その年で親元を離れ、知らない家で奉公をする。その寂しさは、想像を超えるものだったと思います。手のあかぎれ、寝床の寂しさ、思わず流れる涙。幸之助は、特別に強い子どもだったわけではありません。ごく普通の、子どもらしい子どもだったのです。

一方で幸之助は子どもの頃から、とても強い正義感を持っていたと言われています。おかしなこと、悪いことをする人間は許せなかった。不正も許せなかった。これは後にも続き、その清廉潔白さが多くの人を惹きつけることになります。

そんな幸之助の基盤を作ったのが、短くはありましたが幸せに過ごした幼少期だったのではないかと私は思うのです。没落はしてしまいましたが、豊かな暮らしを経験することができた。そして親からも、いい教えを得ることができた。

そうした経験がなければ、もしかすると「なんとしてでも儲けてやる」「人を蹴落としてでも這い上がってやる」といった気持ちを持つようになったかもしれません。その意味で、幼い子どもに豊かな暮らし、幸せな暮らしを経験させることの大切さを改めて思います。それは、素直な心にもつながっていくのです。

高邁な精神と同時に、常に世間の人々と同じ立場に立つ庶民性を持つという幸之助の不思議な魅力もまた、素直さによるところが大きかったのかもしれません。

そんな幸せな暮らしを壊したのは、父の賭けごとでした。後に幸之助は、賭け事には一切、手を出しませんでした。会社の事業でも、投機目的で何かを買ったりすることもありませんでした。事業は本業で儲けるべき、を貫いたのでした。

初めてもらった5銭白銅

◯1904（明治37）年

宮田火鉢店では、毎月1日と15日に給金が出た。初めての給金として、幸之助は5銭白銅をもらった。

和歌山での生活は貧乏で、1厘銭を母にもらい、近所の駄菓子屋でアメ玉2つを買うのが楽しみだったのが、初めての給金に、今まで手にしたことのない5銭白銅をもらったのである。うれしくて、母恋しさの〝泣きみそ〟も直ってしまった。

ところが、その大事な5銭のうち1銭を1度に使うという思わぬ出来事が起こった。当時、子どもたちの間で、バイという鉄製のコマを盆の中で回す遊びがはやっていた。

ある日、彼も主家の赤ちゃんを片手で背負い、遊びに熱中していた。彼が勢いよくバイを盆へ回し込んだはずみに、反り返ったため、背中の赤ちゃんの頭を地面に打ちつけてしまったのである。

赤ちゃんが泣き出したのに驚いて夢中であやしたが泣きやまない。とっさに、そばの菓子屋に飛んで行って、饅頭を1つ買ってあてがった。幸い赤ちゃんは泣きやんだが、その饅頭の値段が大枚1銭もした。彼は3日分の給金を一遍に使ってしまったのである。

五代自転車店に奉公

◯1905（明治38）年▼10歳

勤めて3ヵ月目に、宮田火鉢店は店をたたむことになり、幸之助は船場堺筋淡路町の五代自転車店に奉公することになった。

当時、自転車は国産のものは少なく、ほとんど米国製や英国製で、値段は100円から150円もする、いわば最先端の文明の利器であった。彼は今までとは違ってハイカラな商品を相手に日々を送ることになった。

店には旋盤やボール盤があり、ちょっとした鍛冶屋のような仕事もあった。もともと小道具を使うのが好きだったから、毎日愉快に働いた。そんな彼を、主人の五代音吉もふじ夫人も実の子どものようにかわいがった。

ある日のことである。何度目かの開店記念日ということで、全員で記念写真をとることになった。ところが、運悪く用事を言いつかり、その時刻に間に合わなかった彼は、楽しみにしていただけに泣き出した。すると、夫人は彼の手を取り、写真屋に連れていき、一緒に写真をとってくれた。
この店で彼は最も多感な少年時代を約5年4ヵ月過ごした。

父の諭しで実業を続ける

◯1906(明治39)年▼11歳

幸之助満11歳の時、一家は和歌山を離れて、大阪の天満に移り住んだ。ちょうどこのころ、姉が勤務していた大阪貯金局で、給仕の募集があった。

母は彼を手元で育てたいとの思いから、「この際、給仕をしながら夜間学校に行ってはどうか。お父さんと相談してみるから」と告げた。学業半ばにして奉公に出た彼は、この話に胸をふくらませて、母に「ぜひそうしてほしい」と頼んだ。

その後、父に会ったとき、彼は父から次のように諭された。

「お母さんから、お前を、奉公をやめさせて給仕に出し、夜間学校に行かせたいという話を聞いたが、おれは反対じゃや。今まで通りに奉公を続けて、やがて実業で身を立ててほしい。それがお前のために、一番のよい道や」

彼は、父の言葉にうなづき、奉公を続けることにした。

のちに、「さすがに父は当を得た考えをもっていたと、自分の今日あるをかえりみて、しみじみと思う」と述懐している。

その父は、1906（明治39）年9月、ふとした病気がもとでなくなった。満51歳であった。

煙草の買いおき

幸之助が店で自転車の修繕をしていると、お客に「ちょっと煙草を買うてきてんか」と言われることが、日に何回かあった。彼はそのたびに、汚れた手を洗い、1町先の煙草屋まで駆け出した。そんなことを何度も続けていたが、手数がかかって仕方がない。

彼は、そのうちにふっと思いついて、自分の給金で20個ずつ買っておき、その場ですぐ渡せるようにした。

当時、よく売れた銘柄は、「朝日」と「敷島」であったが、これらは20個が1ケースになっていて、それだけ買うと1個のおまけがついた。月に50個も60個も売れたから、かなりの利益が出た。

多いときで、そのもうけが給金の4分の1に達する月もあって、お客からは「賢い子どもやな」とほめられた。

初めて自転車を売る

○1908（明治41）年▼13歳

修業を積むうちに、幸之助は番頭のお供をし、得意先を回ることもあった。当時の自転車は今の自動車ぐらいの値段だから、彼1人では売りには行けなかった。

ある日、「自転車を見せてくれ」との電話があった。あいにく番頭が留守中なので、主人は彼に行ってこいと言った。

常々自分で商売をしたいと思っていた彼は、絶好の機会とばかり、先方の家に行き、一生懸命に説明をした。

なにせ満13歳の少年のことである。先方は彼の頭をなでながら、「おまえはなかなか熱心な子や。買うてやるから、1割引いておくれ」と言った。彼は喜んで飛んで帰り、そのことを主人に話した。

ところが主人は、1割も引いて売るわけにはいかないと言う。彼は先方のお客のことを思い、「そう言わんと、負けてあげてほしい」と泣いて頼み、主人をあきれさせた。

結局、自転車は5分引きで売ることになったが、彼はその客から「お前が五代にいる限り、自転車は五代から買おう」とまで言われ、面目をほどこした。

成功をもたらした「社会のために」という強い意識

幸之助が多感な時代を過ごしたのは、大阪の商いのメッカ、船場でした。ここで幸之助は、商売の基本、お客さまに対する礼儀作法、また儲けるということはどういう意味を持つのか、心と体で吸収していきました。

幸之助の会社の経営に関する基本は、この船場商法に通じるものがあると言われています。この地に集まってきた商人による商道が、幸之助に大きな影響を与えたのです。

商いとは、単に商売をすることではない。厳しく算盤《そろばん》は弾くが、いざというときには、天下、国家、社会のために儲けたお金は惜しまない。

日本の商業史に詳しい歴史学者の宮本又次は、船場商人の心意気には公、パブリックを思う旨があると解説しています。幸之助の高い社会への意識は、この気風の影響が大きかったと思われます。

そしてもう一つ、奉公した五代自転車店の店主の兄・五兵衛の存在です。全盲ながら弟たちの面倒を見た人物。私立の盲唖院《もうあいん》を作った社会起業家でした。丁稚だった幸之助は、店に来たこの兄の手を引いて送っていく役割も務めていました。

きっとこのとき、さまざまな話を聞いたことでしょう。世のため、人のためとはどういうことか。後に幸之助は交通事故防止のための取り組みや、福祉施設の建設に合計１００億円という多額の寄付を決断することになります。

幸之助の大きな成功の背景には、「社会のために」という強い意識が大きく影響したことは間違いありません。

その思いこそが、まったくの無名だった幸之助を、また松下電器を、日本一の成功者へ、日本を代表する企業へと押し上げていく原動力となるのです。

市電を見て電気事業にあこがれる

◯1910（明治43）年▼15歳

大阪の市電が運転を開始したのは、1903（明治36）年9月のことである。1910（明治41）年には中央部に線路の敷設が始まり、翌1911（明治42）年には天王寺公園で全市開通の祝賀式が催された。

幸之助は、使いの途中に電車を見て新時代の到来を予感し、電気事業に関心をもつようになった。反面、自転車の将来に不安の念もわき、ついに転業しようと決心した。

しかし、長い間かわいがってもらった店への愛着もあり、彼は悩んだ。結局、義兄に打ち明けて賛成してもらい、大阪電灯への入社の交渉を依頼した。

ところが、主人に暇をもらおうと思うが、どうしても言い出せない。主人の顔が、夫人の顔があれこれ浮かび、1日1日と過ぎていった。

彼は子ども心に考えて、ある日、「ハハビョウキ」の電報を打ってもらった。そして、心でわびながら、着替え1枚を持って主家を出て、のちにおわびと暇をもらいたい旨の手紙を出した。

大阪電灯入社後、主家が懐かしくなり、休日ごとに手伝いに行った。半年ほどして、主人に「帰りたかったら帰っておいで」と言われた。

帰りたいからではなく、ただ懐かしさのために手伝いに行っていた彼は、これではいけないと思い、行くのを中止した。そして、「自分が選んだ道を精いっぱい歩もう」と決心した。

桜セメントに臨時就職

大阪電灯を志願したものの、すぐには採用されず、欠員待ちということになった。その間、幸之助は義兄の家に世話になっていたが、毎日ぶらぶらしているわけにもいかず、しばらくでも働く所はないかと義兄に相談した。

幸い義兄が勤務していた桜セメントに臨時運搬工の口があり、使ってもらうことになった。

初めは荒くれ男にまじってトロッコ押しをしていたが、まだ満15歳で、体も一人前でない彼は、後から来るトロッコにすぐ追突されそうになった。

監督が見かねて、もっと楽な仕事をさせようと考えたのであろう、10日余り過ぎてから、看貫《かんかん》工場に移された。

今度はセメントの分量を自動的にはかる看貫の機械を見張っているだけの楽な仕事だったが、なにせセメント製造の中心をなす工場だから、終日もうもうとほこりが立っている。口の中がジャリジャリになり、すぐのどが痛くなるのに閉口して、彼はまたもとの運搬工に戻してもらった。

そのうちに、トロッコ押しにも慣れて楽にこなせるようになった。

小蒸気船から安治川に転落

桜セメントは、大阪港に臨む埋立地にあり、通勤するのに、毎日築港の桟橋から出る専用の小蒸気船に乗った。

その日も、ほこりの多い工場から解放されて、帰りの船に乗り、舷《ふなたば》に腰をかけていた。

真夏のこととて、そよそよと吹いてくる潮風がなんとも快い。夕日が沈むのをうっとりと眺めていたときである。そばに来た船員が足をすべらし、彼に抱きついた。その瞬間2人は安治川に転落し、水中深く沈んだ。

彼は何が何やらわからず、もがきにもがいて、水面に顔を出した。見れば、小蒸気船ははるか向こうの方である。船は気づいたのか、徐々に反転してきている。彼は無我夢中で泳いだ。

それからどのくらいたったろうか、彼はようやく船に助け上げられた。

幸い真夏のことでもあり、多少とも泳ぎの心得があったから、溺れずにすんだ。これが水の冷たい冬だったら、到底助からなかったろうと、つくづく運の強さを喜んだ。

大阪電灯に内線見習工として入社

桜セメントに勤めてから約3ヵ月たって、大阪電灯の幸町営業所で内線係に欠員ができ、幸之助はようやく同営業所の内線見習工に採用された。満15歳の秋、彼はいよいよあこがれの電気事業へと第1歩を踏み出したのである。

内線係は、各家庭を回って、電灯増設のための屋内配線工事をした。見習工の仕事は、その助手として、工事担当者のあとから材料を積んだ丁稚車を引いて行くのである。

丁稚車は、なかなか軽便にできていたが、ちょっとした荷物を積むと、引くのに骨が折れた。ところが、彼はそれまでに桜セメントで運搬工をやって相当に鍛えられていたから、それほどつらいとも思わずに働いた。

むしろ5、6軒回れば、1日の仕事も終わり、午後4時ごろには会社に帰れることや、さまざまの需要家に接することができる点などに興味がわいて、毎日喜々として働いた。

彼は飲み込みも早く、入社後わずか3ヵ月で見習工から工事担当者に昇格し、新設の高津営業所に転属を命じられた。

人と違うチャレンジをするからこそ、違う結果を手に入れられる

誰しも大変なことはしたくないでしょう。苦しい思いもしたくない。辛い体験は避けたい。できれば、楽なことをして、結果を出せたなら、と思う。それで成果を出せたら、成功できたなら、と考える。仕事でも、勉強でも、スポーツでも。

一方で大変なことや苦しいことを乗り越えて、それが成果や成長に結びついた経験を持つ人の中には、あえて苦しい道、厳しい道を選択する人もいます。なぜなら、それがうまくいく最良の方法だと知っているからです。

苦しい仕事だったけれど、結果的に体を鍛えることができたおかげで、死なずに済んだ。また、次の仕事に大いに生きた。幸之助のこの経験は、その後もあえて難しいことに挑んでいく選択につながっていきます。

人と同じことをしていても、人と同じ結果しか出せません。人と違うチャレンジをするからこそ、人と違う結果を手に入れられるのです。

イルミネーション工事に参加

○1912（明治45）年▼17歳

当時、毎日新聞社が開設した浜寺公園海水浴場に、一般の関心を集めるため、宣伝広告用のイルミネーションが設置されることになり、その工事が大阪電灯に発注された。

このような点滅イルミネーションの工事は過去に例がなく、会社はこれを重視して、15名の職工を選抜した。満17歳の幸之助もその一員に選ばれ、約2週間の予定で浜寺公園に行くことになった。

当時の浜寺公園は今日と違い、交通の便が悪かったので、主任をはじめ一同は公園近くの宿屋に合宿して、工事に当たることになった。

こんな泊り込みの工事はめったになかったから、全員の意欲はあがった。工事も予定日に完成し、試点灯をした時は、全員で思わず万歳を三唱して喜び合った。

この海水浴場は開設当初のことでもあり、それほど知られていなかったが、このイルミネーションの設置がきっかけとなって大阪ではよくしられるようになった。

彼は、大衆の関心を高めるという面から、こうした宣伝広告というものに興味を覚えた。

関西商工学校夜間部に入学

○1913（大正2）年▼18歳

幸之助は、満16歳から満20歳の結婚までの間、下宿生活を送ったが、その同じ下宿に非常に勉強好きの同僚がおり、当時夜学としては大阪で唯一の勉学機関だった関西商工学校に通っていた。高等小学校を出ただけだが、達筆で、頭も良い。彼とは同年輩で、うまが合った。

その同僚が、彼にも関西商工学校に通うことをしきりに勧めた。もともと仕事が好きで、その方に毎日心を奪われていたので、学校に行くことなど、彼は考えたことがなかったが、そのうちに、同僚が勉強をしてぐんぐん伸びていく姿を見て、内心うらやましくなった。そんなことが刺激になって、彼も満18歳の年に関西商工学校夜間部予科に入学した。それから1年後に予科を修了し、いよいよ本科の電気科に進んだ。

ところが、本科はすべて口述筆記である。尋常小学校を途中でやめざるをえなかった彼には、残念ながら筆記ができない。やむなく退学した。

一方、仕事の面では、彼の有能さが重宝がられ、大きな電灯工事で采配を振るう機会が多くなった。

芦辺劇場の電灯工事を担当

○1914（大正3）年▼19歳

南の演舞場の新装工事や通天閣の電灯工事など、幸之助が担当した仕事は多いが、なかでも千日前芦辺劇場の電灯工事は、いまだに忘れられない、と晩年よく語った。

その当時、映画は活動写真と呼ばれ、非常な勢いで流行していた。その風潮を反映して、旧来の芝居小屋が次々と映画館に改装されたが、芦辺劇場もその1つである。その工事に3組の工事人が行くことになったが、彼はその3組の総責任者を命じられた。

劇場工事は初めてのことであり、彼は持ち前の責任感で、約6ヵ月にわたる工事期間中、息を抜く間もないほどこの仕事に打ち込んだ。

しかし、年末開館の日が近づいたが、試点灯が数日遅れそうである。彼は開館日に間に合わせるために、最後の3日間は徹夜作業を決行することにした。一睡もせず頑張り通して、開館2日前に無事試点灯をすませた。

時は12月、屋外工事でもあり、寒さが身にこたえ、生来体が弱かった彼は、ほどなく肺尖カタルにかかってしまった。

八千代座の前で見合い

○1915（大正4）年▼20歳

当時、幸之助の両親はすでになく、8人兄弟のうち、残ったのはわずかに長姉と幸之助の2人だけであった。

姉は、幸之助が先祖の祀りも十分にできないことをいつも気に病んで、会うたびに結婚して世帯をもつように勧めた。彼もそのことは気になっており、見合いをすることになった。

場所は、西大阪の松島にある八千代座という芝居小屋の前である。当日、彼は大枚5円20銭でつくってもらった銘仙の羽織を着て、姉夫婦と一緒に雑踏の中にたたずんでいた。予定の刻限まで、彼は芝居の看板を見たり、相手の来る千代崎橋の方を見たりしていた。そのうちに周囲の人たちが気づいたらしく、しきりに彼を見ていく。

彼は赤くなってうつむいてしまった。「幸之助、来たぞ、見よ」と言う義兄の言葉で、彼が顔を上げたときには、すでに相手は八千代座の前を過ぎて行ってしまった。

彼がその人、井植むめのと結婚式を挙げたのは、大正4年9月4日、幸之助満20歳、むめの満19歳の時のことであった。

独立を決意

○1917（大正6）年▼22歳

幸之助は、検査員になる少し前に、いろいろ工夫してソケットを改良し、1個の試作品をつくったことがある。彼自身相当苦心してつくったものであり、自信もあったが、上司に見せたところ、意外にも使いものにならないと酷評されて、くやしい思いをした。

その後、検査員になり、その仕事に熟達するうちに、暇ができ、彼はまたソケットの工夫考案に身を入れ始めた。

彼はまた、体が弱く、よく風邪を引いた。結婚はしたものの、将来に一抹の不安を感じていたのである。そのために早く独立をし、将来の方針を立てなければという気持ちも次第に強くなってきた。

たまたま肺炎カタルがこうじてきて悩みも重なった。そんなときに「実業で身を立てよ」という父の言葉を思い出した。

彼は思い切って改良ソケットをつくろうと独立を決意し、この年6月15日、辞表を提出し、会社を退職した。

楽で暇では日々は充実しない。成長もできない

幸之助は、異例の若さで工事担当者を経て、検査員に昇格しました。検査員の主な仕事は、

現場の見回り調査です。工事担当と違い、1日の仕事がほんの数時間でできてしまいました。仕事は楽で、しかも検査員は尊敬されるということで、喜んでいる同僚も多い中、22歳の幸之助は一人、憂鬱でした。

楽で暇では日々は充実しない。成長もできないと思っていたからです。張りのない生活はかえって災いとなり、幸之助は肺炎カタルを悪化させてしまいます。生まれつき体が弱かった幸之助でしたが、それを気力で支えてきていたのです。その気力が、充実感のない日々で萎えてしまったのです。

懸命に打ち込める何かを持っている人と、そうでない人とでは、人生の充実感はまるで違ったものになるでしょう。若き幸之助の苦悩もそこにありました。

こうした中で幸之助を支えていたのが、自分で考えた「改良ソケット」でした。まだ工事担当者だった頃、高下駄の歯が抜けて困っていたおばあさんを助けたときに、閃いたものでした。

しかし、自信満々で作ったソケットの試作品は、上司に酷評されてしまいます。こうして、独立を選択するのです。言ってみれば、安定した会社を辞めるリスクよりも、自分がやりたいことで充実した日々を選択したということです。

自分をワクワクさせてくれる道をこそ、選んだのです。

改良ソケットの製造販売に着手

○1917（大正6）年

独立に際し、幸之助の手元にある資金といえば、約7年間勤めた退職慰労金33円20銭と、会社の積立金42円、それに手元の貯金20円余、それらを合わせてもわずかに95円余りだった。これでは機械1台買うことも、型1つつくることもできない。無謀な話であった。

しかし、彼は将来への希望に燃えていた。ちょうど夫人の弟、井植歳男が郷里の高等小学校を卒業したのを機に、呼び寄せた。大阪電灯時代の同僚、林伊三郎と森田延次郎の2人が「松下君がやるなら、われわれも手伝おう」と言って、仲間に入ってくれた。

時に、幸之助満22歳、夫人満21歳、井植満14歳であった。

工場は、当時生活していた大阪市東成区猪飼野の借家の2畳と4畳半のうち、4畳半の半分を落として土間にして使ったから、2畳の1間が寝室となった。

そんな状態で始めたが、肝心の煉物《ねりもの》（電気器具に使われる絶縁体）の製法がわからない。どこも秘密にして、教えてくれないのである。煉物工場をたずねて、その周辺から、原料のかけらを拾ってきては研究し、やっと待望のソケットができたのは、10月半ばのことであった。

苦心のソケットは売れず

苦心の末に、ソケットが完成し、一同の意気はあがった。さっそく同僚の１人が見本を持って販売に回ることにした。だが、同僚は夕方遅く浮かぬ顔をして帰って来た。聞けば、どこの店に行ってもソケットを手に取って見てはくれても、売れる見込みがないとの答えが返ってきたというのである。

それから10日間ほど、大阪中を駆けずり回ったが、ようやく１００個ほど売れて、10円足らずの売り上げを得ただけである。

資金もなくなり、明日の生計さえおぼつかないほどの困窮に陥った。このまま仕事を続けていくことは困難になり、ついに同僚２人は辞めていった。

当時、夫人がたびたび通った質屋の通帳が今も残っている。幸之助が風呂に行くのに、風呂銭がないので、夫人は話題をそらし、風呂のことを忘れさせたという逸話もある。

そんな状況にもかかわらず、彼はそれほど深刻にも思わず、またほかの仕事をやることなど夢にも考えず、ソケットの改良に熱中していた。

周囲の支えがあってこそ、苦境を乗り越えられた

松下幸之助、むめの夫妻の最後の執事を務めた髙橋誠之助による著書『神様の女房』（ダイヤモンド社）は、後にNHKでドラマ化され、大きな話題になりました。「経営の神様」の女房、つまり、むめの夫人を主人公とした物語でした。

実は筆者は、この著書についてブックライターとして協力していました。なぜこの本を世に送り出したいのかという筆者の問いに、高橋がこう語ったことを今も覚えています。

「松下幸之助は立派な人だった。しかし、それと同じくらいにむめの夫人も立派な人だった。幸之助については、残されたものがたくさんある。むめの夫人について、どうしても記録を残したかった」

著書では、幸之助をむめの夫人がいかに支えたか、そのスーパーウーマンぶりが描かれています。夫人が見事なのは、夫の性格をよく見抜き、常に心地よくなるよう仕向けていたことで

す。

質屋に通うほどに困窮しても、夫人が幸之助を責めるようなことはありませんでした。それどころか、ソケットづくりのために、指輪も着替えの着物も幸之助に内緒で質入れしてしまったほどです。

銭湯にも行けないほどの貧乏ぶりでしたが、ならば、と銭湯が閉まる時間まで、何かと話を持ち出しては気持ちを逸らし、一方で行水の用意をしていたと言われています。

夫人の支えがあっての創業期。『神様の女房』は、夫人への感謝の言葉を幸之助が述べるシーンから、始まります。

扇風機の碍盤を受注

◯1917（大正6）年

窮状の続くうちに、年の瀬も迫り、ある日、思いがけず扇風機の碍盤1000枚の注文を受けた。川北電気で陶器製の碍盤《がいばん》（絶縁体で電気を通さない板）がこわれやすいので、煉物製にする計画があり、見本注文が持ち込まれたのである。年内完納という急ぎの仕事だが、結果が良ければ、全部の扇風機に応用するという。

行き詰まりの最中であり、幸之助は井植少年と2人で全力を上げて製作することにした。設備がそろっているわけではなし、わずかに型押しのポンスと煉物を煮る鍋があるだけだ。井植少年はまだ満14歳で、当時は小柄な体格だったから、型押しはすべて幸之助がやった。井植少年は、磨きとか雑用などの手伝いである。

とにかく1000枚の品物を仕上げ、完納したのは年末も押し迫ってからであった。ところが、これが160円の金になった。原価を引いても、80円の利益が出た。苦しいときだけに、一家の喜びは大きかった。

しかも、この碍盤のできが良いということで、年明けに、川北電気からさらに2000枚の注文が入った。肝心のソケットは売れなかったが、辛抱のかいがあって、意外な方向から運が開けたことに感動もし、改めて電気器具の製作に本格的に取り組もうと幸之助は決心した。

人生は、どこかで間違いなく巡り巡ってくる

4ヵ月の試行錯誤をしたソケットでしたが、創業したものの、問屋は相手にしてくれず、製品は売れないままに、ひと月あまりが経ってしまいました。在庫はたまる一方、資金がなくなり、妻は質屋通い。

このままでは年を越せない、というピンチのタイミングで、救いの神がやってきます。日本の扇風機製造のパイオニア、河北電気企業社でした。改良ソケットの製造に使った練物の技術を生かして作ってほしいと、扇風機に使う碍盤を大量に発注してくれたのです。

これで初めてまとまった収益を得ることができ、幸之助は危機を突破することができました。

実はこのピンチを救った河北電気企業社は、後にグループの一員となります。現在のパナソニック ホールディングスには7つの事業会社があり、その一つでエレクトロニクス領域を担うパナソニック株式会社は、5つの分社により構成されています。

その一つ、空質空調社の空質事業のルーツは、この川北電気企業社なのです。空質空調事業は現在、車載電池やサプライチェーンマネジメントソフトウェアなどとともに、パナソニックグループの成長領域に位置付けられています。

幸之助の創業期に窮地を救った会社が、21世紀の成長事業のルーツになっているというのは、なかなかに興味深いものがあります。人生は、どこかで間違いなく巡り巡ってくるのです。

【第2章】

幸運をつかめる人がしていること

——仕事ができる、それだけでいいのか——

未来に可能性のありそうなものを選ぶ

幸之助が電気にかかわる道に進んだのは、開通したばかりの大阪の市電が「電気で走る」のを見て、電気事業の将来を予感したからでした。そして大阪電灯への入社を目指したのでした。長年慣れ親しみ、高い評価もしてくれ、可愛がってくれていた奉公先の自転車店をあえて飛び出し、内線係見習工というゼロからの仕事に就こうと考えて第一歩を踏み出したのは、電気の世界に将来の可能性を見出したからに他なりません。

そして、ソケットの改良を試みる中でますますその意を確信します。これから電気はますます各家庭に普及していく。それは間違いない。そうなれば、より優れたソケットやプラグなどの配線器具を作れば、必ず成功するはずだと、改めて強く信じるのです。

もしこのとき、幸之助があまり将来に可能性を感じさせないような事業を選んでいたとしたら、果たして未来はどうだったでしょうか。

例えば、当時、多くの富を独占していた財閥系の大企業がすでに手がけていたような事業。あるいは、国策とも呼べるような当時の旬の事業。それではおそらく、大きな成長は見込めなかったのではないでしょうか。

電灯さえ普及の途にあった明治の終わりに、電気の世界に身を投じ、インターネットが勃興する時代を目前にして幕を引いた幸之助の生涯は、まさに日本の電化時代を象徴する立志伝だったとも言われています。

仕事や会社を選ぶとき、「この仕事や会社の未来は確実だ」と思えるものは、そうそうありません。しかし、将来の可能性について、ある程度のイメージはつくはずです。これはさすがにどうにも成長しそうにないな、と思えるものを選んでしまったら、残念ながらそれは当たってしまう可能性が高い。

未来に可能性のありそうなものを選ぶ。その大切さもまた、幸之助は教えてくれています。

松下電気器具製作所を創立

◯1918（大正7）年▼23歳

その後も扇風機の碍盤の注文が引き続いてあったのと、電気器具の考案製作を本格的にやりたいとの思いから、1918（大正7）年3月7日、幸之助は大阪市北区（現在は福島区）大開町1丁目に借家を求めて移転し、松下電気器具製作所を創業した。

その家は、1階3間、2階2間の2階建てで、別に6坪ほどの前栽があったので、前の家に比べると、広さも約3倍ほどになり、また表通りに面していたので、小さいながらも町工場の体裁が整った。

彼はさっそく1階の床を落として、作業場にし、2階を住居にした。

碍盤のほかに、最初につくった電気器具は「アタッチメントプラグ」、通称「アタチン」で、古電球の口金を利用したものであるが、斬新で市価よりも3割ほど安かったから、よく売れた。

幸之助夫妻と井植少年の3人が、夜中まで作業しても追いつかず、初めて4、5人の人を雇い入れた。続いて考案した「2灯用差込みプラグ」とともに、松下電器は、新しい物を安くつくると評判になり、幸先の良いスタートを切った。

M矢の商標を制定

○1920（大正9）年▼25歳

アタッチメントプラグ、2灯用差込みプラグの成功により、商売もまず順調に推移し、大正7年の暮れには、早くも従業員20名余りになった。それでも手狭な普通の家で作業をしていたのだから、不思議である。

当時は、作業場に棚をつり、棚上、棚下でも作業ができるようにした。得意先の人が来て、「えらい工夫をしているなあ。まるで蒸気船の船室みたいや。なるほど安くできるのも当たり前やなあ」と感心して帰ったこともあった。

実は、まだ工場を建てるほどの資力もないので、少しでも効率的に家を使いたいと考えた末の便法であった。

そうした中で、幸之助は松下電器の商標を定めたいと考えていた。ある日、石清水八幡宮に参詣したときにもらった破魔矢を見ていて、ふと、この矢と松下の頭文字Mを組み合わせたらどうだろうと思いついた。

こうして完成したのが、初めての商標「M矢のマーク」である。これにはどんな障害をも突破し、目標に向かって突き進もうとの願いが込められていた。

歩一会を結成

1918（大正7）年11月、第1次世界大戦が終結すると、経済界は反動不況に陥った。その後、一時的に景気は好転したものの、不況はさらに深刻化の様相を呈し始めた。

そこに、1920（大正9）年3月、株式市場の大暴落が起こり、戦後恐慌が突発した。企業倒産が続発し、街に失業者があふれ、労働組合運動は次第に過激になり、社会不安が一挙に高まった。

その中で、松下電気器具製作所はむしろ順調に販売を伸ばし、一見何事もなく推移していた。

だが、幸之助は、この激動期に臨み、「松下電器が将来発展していくためには、全員が心を1つにしなければならない」と考えた。そこで、自分をも含めた全従業員28名を会員とする「歩一会《ほいちかい》」を結成した。

名称は「全員が歩みを1つにして、1歩1歩着実に進もう」との思いからつけられたものである。

その後、歩一会は従業員の精神指導、福祉増進、親睦慰安などを目的に、運動会や演芸会などの行事を催して、全員の一致団結を一層強固にする上で大きな役割を果たした。

思いを伝えることは簡単ではないからこそ

大阪・門真にはパナソニックミュージアム「松下幸之助歴史館」があります。幸之助にまつわる、さまざまな記録や物品が陳列されていますが、驚かされるのは「こんなものまで残されていたのか」というものがたくさんあることです。

また、幸之助が残した言葉や考えを記録したものもたくさんあります。幸之助にまつわる書籍がたくさん世に送り出されることになったのは、幸之助が記録を強く意識したからだと思われます。

実際、社員に対して、自分の言ったこと、考えたことを記録し、社内に伝えることに、幸之助は強い情熱を傾けたのだそうです。

創業からまだ30名にも満たない規模の段階で、いち早く「歩一会」という従業員会を設立したのも、その一つの表れです。

そして、その機関紙として1927（昭和2）年「歩一会会誌」が発行されます。いわゆる社内報です。1934（昭和9）年には、新聞「松下電器所内新聞」も発行。

前者は、従業員から情報を発信していく草の根の作り、後者は、経営側から情報を発信していくトップダウンの作り。この両方をカバーした雑誌、新聞という社内メディアをすでに戦前に整えていたのです。

社内向けコミュニケーション、いわゆるインターナルコミュニケーションの重要性は、今また大きくクローズアップされていますが、驚くべきことにこんなに早いタイミングで、幸之助は自ら実践していたのです。

それは、組織内の一致団結を強固にすることに加え、自分の考え、思い、取り組みを伝えることは実はとても難しいのだということを強く認識していたからではないでしょうか。

税金に悩んで悟ったこと

○1921（大正10）年▼26歳

当時、税金の査定期になると、近くのお寺に税務署員が出張して来るので、個人経営の町工場や店の主人は、そこで申告し、査定を受けた。いつも申告通りですむので、幸之助も毎年ありのままに申告していた。

ところが、松下電気器具製作所の収益が年々増えていくのに驚いたのか、1921（大正10）年ごろになって、「ずいぶんもうけているなあ。1度調査に行こう」と言われた。

幸之助は正直に申告していたので、何ら動じることなく調査に臨んだ。ところが、見解の相違があって、申告以上に利益が上がっていると言う。そうなると幸之助は心配になった。

2晩ほど眠れぬままに思案しているうちに、ふと、こう悟った。

「自分の金だと思うから、悩みも起きるのだ」

翌日、3日目の調査の時に、幸之助はすっきりした気持ちでこう申し出た。

「よく考えてみると、このお金は全部国家のものです。必要なだけ取って下さい」

すると、「そんなにまでしなくても」ということになり、調査は簡単にすんでしまった。

以後、税金に対してガラス張りで臨んだが、この体験で、幸之助は1つの企業観を得た。

第1次本店・工場を建設

○1922（大正11）年▼27歳

売り上げは年々増え、注文に応じるために作業場を工夫したり、設備を増設したりして、その場をしのいでいたが、ついに追いつかなくなった。そこで、幸之助は同じ大開町1丁目にあった100坪余りの貸地を借り、新工場を建設することにした。

ところが、手元資金が4500円しかない。見積りによれば、建設費は7000円余りである。幸之助は本店を後にし、取りあえず工場のみを建設することにした。その旨、建築業者に言うと「割安になるから、ぜひ一緒に建ててほしい」と言う。

幸之助は、あくまでも自分の力の範囲で事をなしたいとの信念から不足分2500円について、月賦にしてほしいと提案した。それも、建物を支払いの担保にしないとの条件をつけてのことだったので、業者をあきれさせたが、結局その条件を承諾してくれた。

幸之助も、これには感激した。しかし、「それはありがたい。しかし、僕は恩に着ないよ。君も商売上の便宜のために、僕に賛成してくれたんだから」とクギをさし、逆に業者を感心させたのである。

1922（大正11）年7月、この本店・工場は完成、気分も新たに作業を開始した時は、従業員も30名を超える企業に発展していた。

そもそも会社も自分も、社会からお借りしている

創業時、2階建ての借家の3室を改造した作業場に小型のプレス機2台、人では自分を含めて家族3人という、ささやかな体制で出発した松下電気器具製作所。幸之助は、「アタッチメントプラグ」「二灯用差し込みプラグ」をはじめとして、便利で安い配線器具を次々と生み出していきました。

第1次世界大戦による好景気の反動で停滞していた時期には、関東方面へ販路を伸ばし、全国に販売される十数種類もの製品を生み出す会社になっていきます。

ところが、幸之助が考えていたのは、事業を伸ばすこと、儲けを出すことだけではありませんでした。先の税金のエピソードでもそうですが、そもそも会社も売上も、社会からお借りしているのだ、ということに気づくのです。

自分の事業のあり方について、目先の商売、目先の損得という枠を越えて深く、広い視野で考えた。幼い頃の丁稚時代に学んだ船場商法にも大きな影響を受けていますが、これこそが幸之助の経営者としての大きな特色だったと言えるのではないかと思います。

もっと言えば、もしかすると、自分ですら社会からの借り物、だと思っていたのかもしれません。だからこそ、社会に尽くすことは必然、だったのです。

砲弾型電池ランプを考案

◯1923（大正12）年▼28歳

製品考案の面でも、このころ画期的な商品が完成した。砲弾型電池ランプである。

かつて自転車店に勤めていた幸之助は、自転車の灯火が風ですぐ消えて困った体験をもっていたが、いまだになおローソクや石油ランプが使われているという状況だった。

電池式ランプもあったが、寿命は3時間ほどで、故障も多く、実用性に乏しい。そこで考案に熱心な幸之助は、この電池ランプの工夫を思い立った。

それから半年の間、数10個の試作品をつくった末に、従来品に比し、約10倍の30時間から40時間も点灯し続ける砲弾型電池ランプをつくった。

しかし、この画期的な製品をどこの問屋も取り扱ってくれない。窮した末に、直接小売店に無償で置いて回り、実際に点灯試験をした上で、結果が良ければ買ってもらうことにした。

そのために、「1万個もバラまけば、反響はあるだろう」と覚悟した。これは、当時の金で1万5000〜、6000円余りになる。これがだめなら工場はつぶれるという画期的な売り出しだった。

この社運をかけた実物宣伝が効を奏し、その真価を知った小売店から次々と追加注文が入って、2、3カ月後には月2000個も売れるようになった。

関東大震災が起こる

東京方面については、幸之助自らたびたび販路の開拓と売り込みに出向き、大正9年には、東京駐在を置くまでになった。その後、駐在員2人を置き、小さいながらも出張所としての店舗を構えるまでになった。

販売も次第に上昇してきた大正12年9月1日の正午ごろ。幸之助が事務所に入ると、グラグラと来た。しばらくして、静かになった。
そのまま店の仕事をしていると、チリンチリンと号外の音。幸之助が見ると「東京地方に大地震」とあった。しばらくすると、また号外である。今度は、おびただしい死傷者の出たことが報じられている。

さあ心配なのは、駐在員の2人と数10軒の取引先のことである。ただ安否を気づかうのみで日が過ぎるうちに、4日目になって、店先にあらわれた駐在員の2人の元気な姿。幸之助は「おお、無事だったか」と思わず胸をなでおろした。

この関東大震災により、関東一円の販売網は壊滅状態に陥った。せっかく築き上げた取引先の大半は焼失するなどの大被害を受け、取引の中断や集金不能で、東京出張所も一時閉鎖を余儀なくされた。

代理店制度を実施

砲弾型電池ランプに対する思い切った実物宣伝により、大阪府下での販売は一応軌道に乗ったが、全国的にはいま一歩の状態であった。

幸之助は、全国的な拡売を志したものの、ほかの都市に対して、大阪と同様の方法で直接販売していくのは、人手や資金の面で不得策であるとの考えから、各地に特定の代理店を設けて、一定区域内の販売を一任することとし、新聞で代理店募集を行った。

これにより、奈良、名古屋をはじめとして各地に代理店ができ、発売当初、問屋に敬遠されたランプも、6ヵ月後には代理店になるために保証金を出すというほどに、その評価は変わった。

小売店取引から問屋取引に移行した大阪地区についても、山本商店との間で大阪府下の一手販売の代理店契約が結ばれた。

山本商店は、化粧品の製造卸とその輸出を本来の業としており、松下よりははるかに規模も大きく、信用もあった。主人の山本武信は、根っからの大阪商人で、商売の進め方や考え方において、幸之助に大きな影響を与えた人物となった。

たとえ仕事ができても、礼儀作法がわからぬままでは

この年の暮れ、一つのエピソードが残されています。年末、工場で従業員全員が大掃除を行なっており、満足げに見回っていた幸之助は、従業員の便所だけが、なぜか汚れたままなのに気づきました。

しばし見守っていましたが、誰も掃除しようとせず、上司も言いつけない。どうやら、職場でいさかいでもあった様子で、その余波で便所掃除に誰もが手を付け難い状況になっているらしいのを、幸之助はその場の不穏な雰囲気から察するのです。

「事情がどうあれ、このままでは汚い。このままで新しい年が迎えられるか」

幸之助はホウキを手に取り、バケツで水を流しながら踏み板をゴシゴシ擦り始めました。幸之助自らの行動に、見かねて、水汲みを買って出た一人を除いて、多くの従業員はただ見ているだけでした。

「便所はみんなが使う、自分たちのものである。それを掃除するのに、何の理屈があるものか！」

幸之助は激しく怒りを感じ、そして考えました。

「これではいかん。たとえ仕事ができても、常識的なことや礼儀作法がわからないままでは、社員にとって松下で働く意義は薄い。人間としての精神の持ち方を教えるのも、工場主たる私の責任だ。言いにくいことも言わねばならない」

便所掃除が終わったら、なんと言われようが、みんなに強く注意をしよう。そう思いながら、幸之助は便所の踏み板を何度も何度も擦ったのです。

そして、仕事だけでなく、人間としての精神の持ち方についても教えを深めていきます。それが従業員の幸せにつながると考えていたからです。

山本商店にランプの販売権を譲渡

○1925（大正14）年▼30歳

山本商店との取引が増えるにつれて、同店から問屋に売ったランプが区域外の地方へ流れ始め、これに対する苦情が地方代理店から続出した。

そこで、1924（大正13）年11月、幸之助は初めて代理店会議を開催し、収拾に当たったが、席上、山本店主は「自分が代理店をやめるか、それとも自分をランプの総販売元にするかのいずれか」と主張し、前者の場合は解約金として2万円を要求した。

幸之助は予想外の提案に驚きはしたが、山本店主の信念をもった態度にも感心した。会議では根本的な結論を得ぬままに、年は明けたのである。

幸之助は、ランプの販売を他に任せることによって、製造に専念したいとの思いがあり、この提案にも興味をもった。そこで、地方代理店の立場を尊重することを前提に、山本商店にランプの全国販売権を「エキセル」の商標とともに譲渡する契約を結んだ。

その内容は、電池ランプを毎月1万個、3年間販売するというものである。このとき、山本店主は今後3年間で売る約束の36万個について、その場で36枚の手形を書いて手渡してくれたから、その豪胆さに幸之助は驚いた。

区会議員に推されて当選

大開町に移り住んでから、すでに7年余り。町内会の仕事を任せられる機会も増えた。

1925（大正14）年末、大阪市の連合区会議員の改選期が近づいたときのこと。幸之助が健康をそこねて寝ているところに、町内の有志が立候補を勧めに来た。断ると、「運動は有志でやる。あなたはゆっくり静養しておればよい」と熱心に説く。ついに引き受けた。

出てみると、立候補者はほとんどが古参の有力者で、幸之助は初めての上に、満31歳の若輩である。しかも、定員の20名のところに28名が立ち、競争も相当激しくなった。

有志は手弁当をさげて選挙運動をしてくれている。たまりかねて幸之助も1度だけ戸別訪問をし、熱を込めて話をした。他の候補者は何度も回っている。全員に負けてはいけないという熱気が広がった。

結果は28名中2位の当選である。予想外の好結果に、全員が万歳を叫んだ。

幸之助は、全員から祝福を受けつつ、盛んな熱意に感激した。ふと気がつくと、体も回復し、気力に満ちた自分の姿を見出し、不思議な感動を覚えた。

特許第1号を出願

◯1926（大正15）年▼31歳

この年3月、幸之助は自ら考案した「電池筐」の特許を出願したが、昭和2年5月、特許第７２０３０号として登録された。これは幸之助の特許第1号となった。

幸之助の発明考案に対する熱心さは、よく知られている。大阪電灯に勤めていたときも、ソケットを改良しようといろいろ工夫をした。試作品までつくって、上司に見せたが、結局それは受け入れられなかった。

幸之助は、それにもめげず考案を続け、ついにそれを自らつくり世に広めようと独立を決意した。結果は売れず、困窮生活を強いられたが、そのときでも発明考案に夢中になっていたほどである。

そのときつくった松下式ソケットは、１９１６（大正5）年10月に出願し、大正6年1月、実用新案第４２１２９号として登録された。

その後も、考案に熱中し、次々と画期的な製品をつくり、世に送った。「アタッチメントプラグ」「二灯用差込みプラグ」「砲弾型電池ランプ」など、幸之助の発明考案は、その後、ついに特許権8件、実用新案権92件、計１００件を数えるに至った。

ランプの販売権を買い戻す

山本商店にランプの販売権を譲渡したものの、そのうちに、両者の間にかなりの意見の相違が出てきた。山本店主は「これは一時的な流行品である。3年間で売り切ってみせるから、心配するな」と言う。

幸之助は、発売して1年もすると、むしろ永久的な実用商品であると確信するようになり、量産でコストを切り下げ、価格を安くして販売量を増やしていくことを提案した。ところが、山本店主は契約に固執し、この提案に反対した。

そこで、幸之助は考案中の角型の電池ランプについては、自分の方針で売りたいと考え、販売ルートを自転車店と電器店に分け、電器店ルートだけは松下が担当したいと申し入れた。すると、山本店主は、「契約期間中に、そういうことをするなら、ランプの販売権を返すが、その代償として1万円を払え」と言った。

幸之助は、あと1年半もすれば、契約期間が満了するが、ランプの普及のためには、現在考案中の角型ランプは自分の方針で売るのが最善との考えから、思い切ってこの申し出を受け入れることにした。

1926（大正15）年10月、山本店主に1万円を払って販売権を買い戻し、角型ランプの生産体制を整えた。

力石で運を試す

　幸之助が1万円を出したことを、山本店主は意外に思ったらしく、両者の話し合いは円満に解決した。このとき、山本店主は「1万円の金を僕がもうけたことになるから、君を招待しよう」と申し出て、幸之助を高野山に招待した。
　当時、山本店主の顧問役として、話の場にいつも立ち会っていた高野山の加藤大観師も一緒である。幸之助は、初めての高野山であったが、建ち並んだ堂塔伽藍、生い茂った老樹など、その壮厳さに胸を打たれた。
　奥の院に行くと、弘法大師が唐から持ち帰ったという運試しの石を納めた祠《ほこら》があり、それには石を棚に上げた人は運が強いといういわれがあった。さっそく試しみてようということになった。しかし、ほかの2人は持ち上がらない。
　ところが、一番力の弱そうな幸之助がやると、意外にも簡単に持ち上がった。この不思議な出来事に、幸之助は1万円のことも忘れて、ひそかに期していた角型ランプの売り出しは成功疑いなしとの信念がわいてきた。

運が良くなるようなことを、日々しているか

幸之助は、多くの幸運を手にした人でした。しかし、その幸運はいわゆる「棚ぼた」の幸運だったわけではありません。

筆者は3000人以上の成功者に取材をしてきましたが、成功者の多くは運のいい人たちでした。思わぬところで思わぬ偶然ができたり、思わぬ出会いがあったり、思わぬ助け船を出してくれる人たちがいたり。では、どうして彼らは幸運をつかむことができたのか、取材で聞いた話をもとに何度も考えることになりました。

やがて気づいたのは、多くの人は、正しいことをしていた、ということでした。正しい志を持ち、正しく生きようとしていた。正しい道を歩み、正しく人を導こうとしていた。

正しくないことをする人を、果たして人は応援するでしょうか。仮にしたとしても、長続きはしないでしょう。正しいことだからこそ、人はついていったし、応援した。だから、運にも恵まれることになったのです。

そして、運のいい人たちは、自分がなぜ運がいいのかをわかっているのではないか、という

印象を持ちました。「こんなことをしたら、運が良くなるはずがない」などということは、決してしないのです。

前項のエピソードにあるように力石がなぜ、持ち上げられたのかは分かりません。しかし少なくとも、幸之助は自分の運を信じていたのではないか、と感じます。自分はきっと運がいい、と。なぜなら、運が良くなるようなことを、自らしていたからです。

【第3章】

人がしないことをこそ、する

——自分の責任を果たす、ということ——

良いものを作るのは当たり前。良さを伝えることも責任

幸之助の経営の革新性は、創業から数年で表れています。例えば、1927（昭和2）年、松下電気器具製作所は「ナショナルランプ」を発売するのですが、このとき驚くべきことを幸之助はしているのです。

まだ小さな会社だったにもかかわらず、本格的な新聞広告を打ったのでした。実物が歴史館に展示されていますが、大丸や高島屋などの老舗企業に囲まれるようにして小さな三行広告が掲載されているのです。

「買って安心、使って徳用、ナショナルランプ」というキャッチコピーは、幸之助が自ら考え抜いたものでした。

もともと大阪電灯の時代に、宣伝の可能性について気づきを得ていました。何事も学びにするのが幸之助。それが、小さな会社ながら宣伝を打とうというチャレンジにつながったのでしょう。以来、幸之助は広告宣伝を重視するようになります。メーカーが良いものを作るのは当たり前。もう一つの責任は製品の良さを一刻も早く消費者に伝えることだ、というのが幸之助

の考え方でした。これもまた、松下電器の躍進につながっていきます。
広告宣伝の重要性をいち早く理解し、後には商品の広告だけでなく、自分の考え方や経営に対する考え方、国のあり方を署名入りの意見広告で問うようになります。

電熱部を設置

◯1927（昭和2）年▼32歳

1926（大正15）年12月25日、大正天皇の崩御によって、年号は昭和と改元された。第1次世界大戦による好景気はどこへやら、戦後恐慌、関東大震災と打ち続く大変事の後遺症を残したままに迎える昭和年代であった。

こうした時期に、松下は新しく電熱器分野に進出した。電熱器はラジオとともに、当時、文化生活の先端をいく製品として、その将来性が嘱望されていたが、値段が高く、一般家庭には手の届かない商品だった。

かねてから一般家庭でも買いやすく、しかも性能の良い電熱器をつくりたいと考えていた幸之助は、たまたま新事業に着手したがっていた友人がいたので、共同出資で、昭和2年1月、電熱部を設置した。

1923（大正12）年12月に松下に入所し、1年ほどでその才能を惜しまれつつ、当時の奉公先（浜野製作所）のために退所した中尾哲二郎が、同時期に技術責任者として再入所することになった。幸之助は、さっそく中尾に安価で、品質の良いアイロンをつくるように指示した。

住友銀行と取引を開始

当時、松下が主に取引していたのは十五銀行であった。ところが、1925（大正14）年9月に、近所に住友銀行西野田支店が開設されて、たびたび勧誘を受けるようになった。そのつど断るが、また勧誘に来る。

1年ほどして、その熱心さに、幸之助は「2万円まで当方の必要に応じて貸付けをしてくれるなら、取引を始めてもよい」と応じた。

この前例のない申し入れに、担当者は困惑して引き上げたが、数日後やはり取引を先にしてほしいと言ってきた。幸之助は、これは住友が松下を真に信用しているか否かの問題であると考え、初めの主張を繰り返した。

この件は支店長に引き継がれたが、支店長は、幸之助の真意を汲み取り、熱心に奔走してくれた。その結果、異例の約束で、取引が始まったのである。

それから2ヵ月後、金融恐慌が突発し、十五銀行は閉鎖された。困って、住友銀行に2万円の件を問い合わせると、約束通り履行すると言う。幸之助は、住友精神の真髄に触れる思いがし、強い感銘を受けた。

角型ランプを発売

角型の自転車ランプを考案するかたわら、幸之助はその名称について、あれこれと考えていた。1923（大正12）年に売り出した「砲弾型ランプ」に次ぐ、第二弾の商品である。

幸之助にとって、この角型ランプの売り出しには特別の意味があった。それまで自転車ランプの販売を任せていた山本商店から1万円の代償を支払って販売権を買い戻し、自らリスクを背負って、自分で全国に売り出そうとした商品だったからだ。

いわくつきの角型ランプだっただけに、名前は重要だった。10も20も紙の上に名前を連ねてみては、腕を組む日々が続いた。

新聞にランプの広告を出す

ある日、新聞を見ていたとき、「インターナショナル」という文字が目に飛び込んだ。妙に印象に残ったので、辞書を引いてみると、「国際的」という意味があった。念のために、「ナショナル」を引くと、「国民の、全国の」とあった。「ナショナルランプ」すなわち「国民のランプ」。幸之助の思いにぴったりの字義である。

幸之助は、「名は体をあらわすの例えもある。〝ナショナル〟と名づけて、国民の必需品にしよう」と決心し、1925（大正14）年6月、「ナショナル」を商標として出願登録した。

1927（昭和2）年4月、待望の角型ランプが完成した。幸之助は、さっそく「ナショナル」の商標を冠し、「ナショナルランプ」と名づけて、販売計画を練った。

製品の実用性に確信をもった幸之助は、発売に際して、1万個を販売店に無料提供するという思い切った売り出しを行った。これが成功し、翌年末には、売り上げは予想を超えて月3万個にも達するほどの伸びを示した。

ナショナルランプの発売に際して、幸之助は新聞に広告を出すことにした。大企業ならともかく、中小企業が新聞広告を出すことなどあまりなかった当時のことである。個人経営の町工場にすぎない松下が、新製品普及のために新聞広告を出したことは、注目に価する。

しかし、資金的には、相当な負担である。幸之助は、最高の効果を狙って、いろいろと文案を練った。3日3晩考えた末に、できたのが「買って安心、使って徳用、ナショナルランプ」という3行の文案である。

昼は他の仕事をしているから、夜、寝間に入って考えた。新聞を広げ、その上にこの文案を書いたものを置いて眺めてみる。短い文案であるが、そのたびに、字の太さ、字と字の間隔、また周囲から見た感じが気になっては何度も変え、最後に完成した。

1927（昭和2）年4月9日に出たその新聞広告は、短冊型の広告で、墨ベタ白ヌキの3行の文案でできており、しかも紙面の中央に位置していたから、人目を引いた。

スーパーアイロンが完成

同じころ、電熱部で、中尾哲二郎の苦心の研究により、新型の「スーパーアイロン」が完成した。

当時のアイロンは値段も高く、4円から5円もしていたから、一般家庭には贅沢品であり、全需要数も年10万台足らずという状況であった。新製品は一般のものと違い、ヒーターを鉄板に狭んだ新機軸のものである。

幸之助は、数多くつくれば何とか一般のものよりも安くなると考えた。そこで、この製品を一般よりも大幅に安い3円20銭で、しかも月1万台をつくるようにと指示した。

当時の業界全体の数量を松下1社でやろうというのだから、だれもが驚いた。だが、フォードの大量生産方式に興味をもっていた幸之助には、手頃な値段で品質の良いものをつくれば、むしろ大衆に喜ばれるとの信念があった。

幸之助のこの予想は当たり、スーパーアイロンは非常な売れ行きを示した。1930（昭和5）年に商工省から国産優良品に指定された。

綱領と信条を制定

○1929（昭和4）年▼34歳

1928（昭和3）年3月に金融恐慌が起こり、経済界は深刻な不況に陥った。一方、松下は順調な発展を続け、1929（昭和4）年には、販売は月10万円、従業員も300人に増え、なお隆昌の機運にあった。そこで、幸之助は、1929（昭和4）年11月に、月産10万台の生産能力をもつランプ工場と新本店の建設を始めた。

業容が拡大し、声価が高まるにつれ、幸之助は、「松下電器は社会からの預かりものである。忠実に経営し、その責任を果たさねばならない」と考えるようになった。そこで落成も間近に迫った1929（昭和4）年3月、社名を「松下電気器具製作所」から「松下電器製作所」と改称するとともに、綱領と信条を制定した。

現在は「産業人タルノ本分ニ徹シ　社会生活ノ改善ト向上ヲ図リ　世界文化ノ進展ニ寄与センコトヲ期ス」と改められ、当時の綱領と多少表現が違うが、まだ町工場の域を出ない個人経営の松下が単なる利潤追求を目指さず、当時の綱領・信条として社会の発展に寄与することを基本方針に掲げたのは興味深い。

なお、信条は現在、「向上発展ハ各員ノ和親協力ヲ得ルニ非ザレバ得難シ　各員至誠ヲ旨トシ一致団結社務ニ服スルコト」と改められている。

大きな危機のときこそ、判断を間違えてはいけない

先にも記した通り、幸之助は早い段階で「会社は社会からの預かりものである」と考えていました。いわゆる社会の公器だという考え方です。

自分で作って、自分で大きくしたのだから、自分の会社だ、自分が大きくした会社だ、と考えてもおかしくはありません。実際、そんなふうに考えている経営者のほうが、今も昔も多いのではないでしょうか。

しかし、幸之助はそうではありませんでした。社会からの預かりものだからこそ、誠実に経営して、その責任を果たさねばならない、と考えたのです。その思いが大きく現れたのは、訪れた大きな危機でした。

1929（昭和4）年の暮れ、松下電器の倉庫は、入りきれないほどの在庫で悲鳴をあげて

いました。日本中がかつてない大不況に喘《あえ》いでいるのをよそに成長し続けていた事業も、ついに11月頃から急速に悪化、製品の売れ行きは半分以下になってしまうのです。

すでに５００人に近い従業員を抱えていた松下電器は、危機的な状況に陥ります。幸之助は、一時の事情で従業員を手放すのは間違った判断だ、と考え、本当に一人の解雇もしませんでした。

深刻な不況を独自の打開策で克服

１９２９（昭和４）年5月に新本店、工場も完成し、松下は順調に発展し続けていた。

ところが、７月からの政府の緊縮政策による景気後退に加えて、10月24日、いわゆる「暗黒の木曜日」、ニューヨーク株式市場の大暴落を契機に、世界恐慌が勃発した。この大恐慌で、日本経済は痛烈な打撃を受け、深刻な混乱に陥った。

工場閉鎖や首切りが一般化し、街には失業者があふれ、社会不安が一挙に高まった。松下も売り上げが止まり、倉庫は在庫でいっぱいになった。

幸之助は病気静養中だった。そこに、幹部から「従業員を半減し、この窮状を打開しては」との進言が寄せられた。

そのとき、幸之助はふと別の考えがひらめき、「生産は半減するが、従業員は解雇してはならない。給与も全額支給する。工場は半日勤務にし、店員は休日を返上し、ストックの販売に全力を傾注してほしい」と指示した。

幸之助のこの方針が告げられると、全員が歓声を上げた。おのずから一致団結の姿が生まれ、全店員が無休で販売に努力した結果、2ヵ月後にはストックは一掃され、逆にフル生産に入るほどの活況を呈するに至ったのである。

不況下に自動車を購入

○1930(昭和5)年▼35歳

世界恐慌が勃発し、日本経済は危機に直面しているにもかかわらず、1930(昭和5)年1月、予定通り金輸出解禁が行われた。そのために、物価の下落、株式や商品市場の暴落が起こり、不況は一層深刻化した。

前年からの極端な緊縮政策の浸透もあって、消費は一段と冷え込み、物は余る、仕事は減る、失業者は増えるという惨状となった。

幸之助は「物が余って、みなが困っているときだ。今こそ需要を喚起するために、分に応じて物を買うべきではないか。それによって新たな生産も起こり、不況も解消されるはずだ」と考えた。

たまたまそのとき、幸之助は自家用車にと大型のスチュードベーカーを勧められたのである。自家用車に乗ることなど考えてもいなかったが、日ごろ緊縮ムードへの憤りを感じていたときでもあり、思い切って購入した。

車のナンバーは59である。思わぬことから、大阪でも数少ない自家用車の所有者となった。

実は一人ひとりが、社会の役に立てる

幸之助は、将来ますます発展するつもりで事業をしていました。ならば、せっかく松下電器に入ってもらった人たちを、一時の事情で手放すのは間違った判断だ、と考えたのでした。

解雇も覚悟していた従業員たちは、その心意気に感激し、燃えました。だから、倉庫を埋め

尽くしていた在庫は綺麗になくなり、一日中操業しなくては生産が追いつかないまでに回復したのです。

しかも、幸之助の不況への取り組みは、従業員に向けたものだけに止まりませんでした。自分は不況の解消に役立てる、と自動車を買うのです。

不況時には、誰もが財布の紐を絞めてしまいます。しかし、それはますます需要を減らし、ますます不況を厳しいものにします。自分を守ろうとすることが、結果的に全体まで悪影響を及ぼしてしまいかねないのです。

一人ひとりが不況の解消に役立てる。そんな意識で日々を過ごしたら、今の日本の状況も変わっていくのかもしれません。実は一人ひとりが、社会の役に立てるのです。そんなことを教えてくれる、幸之助のエピソードです。

初荷を挙行

○1931（昭和6）年▼36歳

不況はますます深刻化し、沈滞ムードは広がる一方である。幸之助は、何とか市場に活気を呼び戻したいと考えていた。そんなある日、丁稚のころ、近所の店に「初荷」（年始に初めて商品が出荷されること）の手伝いに行き、祝儀として手拭いやお菓子をもらったことを思い出した。そういえば、初荷など久しく見たことがない。

幸之助は「こんなときこそ、景気付けに初荷でもやったらどうだろうか」と考えた。たまたま、1930（昭和5）年1月、名古屋支店で初荷をしたところ、非常に喜ばれた。幸之助は、全国でもやろうと考え、1931（昭和6）年1月、全社的行事として挙行した。

全員がハッピ姿で、荷物を満載したトラックに乗り、車体に商品名を書いた幕や小旗を取り付け、幟《のぼり》を立ててにぎやかに行進するのである。道行く人々は驚いた。販売店に着くと、荷物を下ろして、店先で初荷のあいさつ状を読み上げ、最後に三三七拍子。先々で「縁起商売や」と評判になった。

この初荷は正月恒例の行事として年々盛大に行われ、世間で松下の名物行事と呼ばれるほど話題を呼んだが、交通事情が悪化したため、1964（昭和39）年を最後に中止された。

ラジオの生産販売を開始

1925（大正14）年に開始されたラジオ放送は、不況期にもかかわらず急速に普及し始め、所有世帯は1930（昭和5）年に早くも70万に及んでいた。しかし、当時のラジオは鉱石式や電池式から交流電源方式に切り換えられたばかりで、機能的に完全なものが少なく、聴取者は故障に悩まされていた。

幸之助もたまたま聞きたい放送がラジオの故障で聞けなかったことに憤りを感じ、「故障の起こらないラジオ」をつくろうと決意した。

1930（昭和5）年8月、あるラジオメーカーと提携して、子会社・国道電機を設立し、ラジオの生産販売を開始した。ところが、故障返品の続出である。ラジオの専門店でしか扱えない製品なのである。

幸之助は「専門店だけでなく、広く一般の電器店が扱えるラジオをつくってこそ意味がある」と考え、1931（昭和6）年3月、思い切って国道電機を松下の直営にし、研究部の中尾哲二郎に改めて故障の起こらないラジオをつくるように指示した。

苦心の末、3ヵ月後に3球式ラジオが完成した。折しも募集中の東京放送局のラジオセットコンクールに応募したところ、これが1等に当選、松下は一躍ラジオ業界にその名を知られるに至った。

歩一会第1回春期運動会を開催

結成の当時、わずか28名だった歩一会会員も、1930（昭和5）年には500人を超えるに至った。

明けて、1931（昭和6）年春、また歩一会行事を思案しなければならない時期となった。

例年、春には付近の名所遊覧に出かけるのが常である。幸之助は、人数の増えたこの年、また同じような遊覧に行くのも興がないと思い、体育を主とした運動競技会を行うことにした。4月16日、第1回春季運動会は天王寺公園グラウンドを借り切り開催された。

当日は午前8時半、本店に勢ぞろいをし、そこから隊伍を組んで行進し、野田阪神前からバス25台に分乗、先頭には楽隊が行進曲を奏しつつ、会場へと進んだ。道行く人はいったい何事かと目を見張った。やがて会場に到着、堂々と行進して来ては、敬礼して行く。その整然とした行進の姿を見て、壇上の幸之助は深い感動を覚えた。

競技も一糸乱れぬ団結の姿で進められ、観衆から大きな拍手が起こった。世の不景気を吹き飛ばすかのように、会場はいつまでも歓声に包まれていた。

「使命を知る」ということ

1929（昭和4）年の売れ行き不振を半日操業で脱した後も、日本中を不況が覆っていました。産業界では閉鎖縮小が当たり前となり、多くの企業が倒産。電機業界でも、姿を消す大手メーカーがいくつもありました。

そんな中、工夫を凝らした製品を手に、積極的に展開をし続ける幸之助の事業は、逆風に負けず成長し続けました。採用を控える企業が続出する中、積極的に採用を続けました。

1931（昭和6）年末には、配線器具、電熱、ラジオ、ランプ乾電池の4部門に200余の製品を持ち、本店、各支店、出張所、8つの工場で1000人を超える従業員を擁する企業になっていました。

そしてこの翌年の1932（昭和7）年、幸之助にとって人生で最も大きな出来事が起きます。本書冒頭に紹介した「命知」です。

適正さがあってこそ、安定的に成長できる

「命知」以降、幸之助はますます積極果敢に事業に挑むことになります。しかも、その視線は常に大局観を伴っていました。

例えば、安い価格で製品を提供することを掲げていた幸之助でしたが、それは単に安いものを作って売れば良い、ということを意味しているのではありませんでした。

というのも、度を超えて安売りすることは、企業にとってプラスにならないことをわかっていたからです。戦後、全国紙に「儲ける」と題し、企業が適正に儲けることの大切さを説いた意見広告を出すことになりますが、企業は適正利潤があってこそ持続的安定的な成長を果たせるという視点を常に忘れませんでした。

これは、どんな世界でも同じです。無理をしては破綻してしまいます。適正さがあってこそ、安定的に成長できるのです。

一方で、安さを阻害しているものがあるのであれば、それをいかにして排除していくか、についても取り組みをさまざまに進めました。ラジオの製造、またラジオ特許の買収・公開はそ

の象徴的なエピソードです。

重要特許を買収し一般に公開

1931（昭和6）年に、東京放送局のラジオセットコンクールで1等に当選した3球式ラジオは、新型のキャビネットに組み込んで発売されることになった。ところが、当時は競争の激化でダンピングが横行。ラジオの価格は25円から30円と不当に乱売されていた。

幸之助は、適正利潤を確保するのが事業の正しいあり方であるとの信念から45円で売り出した。各代理店から高すぎるとの声が出たが、幸之助は「適正な価格で販売してこそ、メーカーと代理店の共存共栄、業界の真の発展がある」と訴え、多くの代理店の賛同を得た。

この時期、ラジオの重要部分の特許をある発明家が所有し、高周波回路で多極管を使用するラジオが特許に抵触するため、設計の上で大きな障害となっていた。

幸之助はこの事態を憂慮し、1932（昭和7）年10月に特許を買収。同業メーカーが自由に使えるよう無償で公開するのである。これは、業界全体の発展に大きな貢献を果たしたとして評判になった。

新春を迎えて

○1933（昭和8）年▼38歳

仕事に没頭することが多く、一家団欒《だんらん》のときをもつことの少ない幸之助も、新春はできるだけ家族と一緒に過ごした。毎年、晴着姿で長女・幸子と写真を撮るのも新年の楽しみとなり、この年も2人むつまじく、カメラの前に立った。もし長男・幸一が生きておれば、満7歳の元気な男の子になっていたろうにと心はうずいた。

長男は生後半年余りたった1927（昭和2）年2月、病気で急逝した。三越の赤ん坊審査会で最優良児として表彰されるほど丸々と太った立派な男の子だったことを、一抹の寂しさとともに、時々思い出した。

長女は唯一の子どもとして、夫妻の愛情を一身に受けてすくすくと育ち、この時、満12歳。後年、平田家との養子縁組が整い、1940（昭和15）年4月22日、華燭の典を挙げた。後に二代目社長となる松下正治の夫人である。

幸之助は、この時、満38歳。前年、松下電器の真使命を闡明した幸之助の胸中には、経営革新への思いがみなぎり、意気盛んな中に迎えた、1933（昭和8）年の新春であった。

事業部制を実施

1933（昭和8）年5月、幸之助は、独自の発想による「事業部制」を実施した。工場群を3つの「事業部」に分け、ラジオ部門を第1事業部、ランプ・乾電池部門を第2事業部、配線器具・合成樹脂・電熱器部門を第3事業部とする製品分野別の自主責任体制を敷いたのである。

これにより各事業部は、それぞれ傘下に工場と出張所をもち、研究開発から生産販売、収支に至るまで一貫して担当する独立採算の事業体となった。こうした組織体制をもつ会社は他に例がなく、松下にとって画期的な機構改革となった。

事業部制は、1927（昭和2）年に電熱部を設置した際に萌芽がみられる。このとき、幸之助は生産販売に関する一切を責任者に一任する方法をとった。その後も、ことあるごとに人に仕事を任せてきた。任せると人は存分に創意と能力を発揮し、大きな成果を生んだ。事業部制を採用したのも、こうした体験があってのことである。

幸之助は事業部制の狙いについて、「自主責任経営の徹底」と「経営者の育成」の2つがあると指摘した。事業部制はこの2つの面でその真価を発揮し、松下電器が今日の発展を遂げる要因となったのである。

朝会・夕会を実施

事業部制の実施と並行して、幸之助は全事業場で「朝会・夕会」を始めた。

この朝会・夕会は、1932（昭和7）年5月の第1回創業記念式の直後に、多くの事業場で使命達成の意気に燃える従業員の間から、自然発生的に盛り上がったものを全社的に実施することにしたもの。

幸之助は「朝会・夕会も、1つの教育の場として必要である。これをすることによって、その日の規律がつく」と思い、始めたという。

自らは「しゃべることが好きではなかった」と語る幸之助だが、当時毎朝のごとく、全員の前で話をした。そのときの話が、「所主一日一話」として残っている。

なお、その後、朝会では初めに「松下電器の遵奉すべき5精神」（昭和8年7月制定、後に

7精神となる）が唱和され、終わりに「社歌」（昭和8年2月制定、その後4回改定）が斉唱されるようになった。この朝会・夕会は、今日では、海外の事業場でも続けられている。

モートル（モーター）の研究を開始

1933（昭和8）年7月、新事業に進出した。電動機部を設け、モートル（モーター）の研究を始めたのである。

モートル業界は第1次世界大戦を契機に急速に伸び、すでに既存メーカーが支配しており、もはや新規に参入する余地はないかに思えた。そこへ、家庭電気器具の生産販売を主体とする松下電器が進出したのである。しかも小型モーターをつくるという。そのころ、小型モーターを使っているものといえば、扇風機がある程度である。当然、その成り行きが危惧された。

この小型モーター進出の発表に際し、業界紙の記者からの質問に幸之助は次のように答えた。

「将来、文化生活が進んでいけば、一家に平均10台以上のモートルが使われる日が必ず来ます。モートルの需要は無限ですよ」

その後、1年余りの研究の結果、１９３４（昭和9）年11月、ついに開放型3相誘導電動機（4極2分の1馬力）を開発した。１９３８（昭和13）年10月、松下電動機株式会社を設立、積極的に事業を推進したが、戦後の新しい家庭電化製品の登場で、この時の幸之助の予見は的中することになる。

「遵奉すべき5精神」を制定

幸之助は、事業の社会的責任を自覚し、１９２９（昭和4）年3月、綱領・信条を制定したが、１９３２（昭和7）年には、さらに真使命に思い至り、これを全員に闡明《せんめい》した。

１９３４（昭和9）年5月には、従業員は１８００人余りとなり、前年同月に比し5割も急増した。この業容拡大の中で、安易に流れることなく、松下電器の使命を思い起しつつ、全員一致して新たな躍進を期するために、幸之助は、１９３３（昭和8）年7月、「松下電器の遵奉すべき5精神」を制定した。

「産業報国の精神」「公明正大の精神」「和親一致の精神」「力闘向上の精神」「礼節を尽す

の精神」の5つからなり、それぞれその精神の主旨が簡潔な言葉で説明されている。この精神は、この年の5月から全社的に実施され始めた毎日の「朝会」で唱和されて、今日に至っている。これにより、つい安きに流れがちな自分たちの心の戒めとしてきたのである。

1937（昭和12）年8月には「順応同化の精神」「感謝報恩の精神」が加わって7精神となり、「礼節を尽すの精神」は「礼節謙譲の精神」と改められた。

「どうすればもっと上手くやれるか」を常に考える

「命知」以来の強い使命感に精神の唱和も加わり、松下電器の社員の団結はますます深まることになります。事業の勢いも、さらに増していきました。

しかし、その一方で、事業が規模においても社会的責任においてもそれまでのレベルを超え、一人ですべてを切り盛りする限界を迎えつつあることを、幸之助は肌で感じ始めることになります。

これ以上、大きくなると、一人では細かく注意を配ることができなくなる。また、社会の公器として、もし病弱な自分が倒れようとも会社は運営されていく義務がある。幸之助は、新しい段階に入った事業に合った新しい体制の必要性を考えていました。

事業部制もそうですが、従来の延長線上で物事を考えるのではなく、「どうすればもっと上手くやれるか」を常に考え続けていたのが、幸之助でした。だから、組織も事業もどんどん大きくなっていったのです。

【第4章】

断じて驕るなかれ

——うまくいったときに、浮かれてはならない——

人材育成こそ経営の根幹

経営の中でも幸之助が強く認識していたのは、人を育ててこそ、事業を育てていくことになるということでした。いい人材をたくさん育て、もっと任せていきたい。そして、以前から温めていた構想の一つで後に登場する「店員養成所」の開設、さらには生産増加のための新工場建設に適した土地を探し始めるようになります。

こうして出合ったのが、大阪・門真の地でした。実は気になる古来の迷信がその決断の邪魔をしようとするのですが、幸之助は冷静に見極めます。むしろ大成功して迷信を打ち破ってやろう、と考えるのです。

門真地区に本店・工場を建設

◯1933（昭和8）年▼38歳

真使命の自覚を転機に、松下電器は新たな発展段階に入った。工場を増設しても、注文に応じ切れなくなり、幸之助は新しい本店・工場を建設しようと決心した。

そこで、大阪市内に土地を求めたが、適当な所がない。たまたま門真地区に店員養成所を建てるために買収を進めていた土地があり、これを新本店・工場の建設予定地にした。ところが、門真地区は大阪から見て東北方向の「鬼門」に当たる。北東の方角は縁起が良くないと言われていたのだ。

昭和恐慌の記憶も新しいときで、7万平方メートルの広大な敷地を買収しての工場群建設に業界は驚く一方、放漫経営ではないかとの声が起こった。

「鬼門」のことは、幸之助も気になったが、日本地図が頭に浮かび、はたと気づいた。日本の国は南西から北東に伸びている。「東北方向が鬼門なら、日本の地形はどこも鬼門ばかりだ」と思い至り、迷うことなく建設に着手した。それどころか鬼門で大成功して迷信を打ち破ってやろうという気持ちが湧き上がった。

さらに、この進出に際して、幸之助は、「組織の膨張は、やがて崩壊に通じやすい。松下電器は今躍進か崩壊かの分岐点に立っている。新しい工場を生かすのは人である」と説き、全員を奮起させた。

幸いこの門真地区への進出は成功し、松下電器はこの地を拠点に世界的企業に成長し、開発が遅れていた門真地区は急速に発展していくことになるのである。

守口三郷地区に乾電池工場を建設

乾電池の自社生産開始は、１９３１（昭和６）年にさかのぼる。当時、ナショナルランプの販売増加にともない、乾電池も急増し続け、岡田電気商会１社では生産が間に合わなくなった。そこで、松下にとっても競争相手だった小森乾電池に、専属工場になってもらい、需要をしのいでいた。

しかし、なおナショナルランプは増える一方である。だが、国民の必需品にしたいという幸之助の理想にはまだ遠い。過去に何回か値下げを断行してきたが、引き続き思い切った値下げをすることにした。

乾電池についても、両社に対して値下げを要請した。岡田電気商会は了承したものの、小森乾電池は、むしろ松下に工場を譲渡したいと言う。幸之助は乾電池事業を直営にする意思はなかったが、岡田電気商会の賛同も得られたことで提案を受け入れることにした。こうして、１９３１（昭和６）年９月、小森乾電池を買収、乾電池生産に乗り出した。

その後もナショナルランプの伸びにつれて、乾電池は激増。幸之助はさらに乾電池の増産を決意、1933（昭和8）年の門真地区への進出に合わせ、隣接の守口三郷地区に乾電池工場を建設した。

店員養成所を開校

◯1934（昭和9）年▼39歳

幸之助は早くから「事業は人なり」の信念に立ち、人材の育成にはことさら意を注いできた。1922（大正11）年に大開町に第1次本店・工場を建設したころから、人材を育成する機関として、「物の生産と教育が同時に行える工場学校」をつくりたいという夢をもっていたほどである。

それから10数年たち、この夢は実現されることになった。門真地区に進出した際に、「店員養成所」をつくったのである。

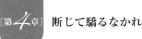

この養成所は、1934（昭和9）年4月、小学校卒業者を対象に、3年間で旧制中等学校5年間の商業・工業課程修了と同程度の学力をつけるとともに、人間的修養を加え、卒業と同時に実務ができる店員を養成することを目的に開校された。

これは1935（昭和10）年12月、「社員養成所」と改められた。続いて、1936（昭和

11）年5月には、「工員養成所」も併設された。
なお、この養成所は、その後、太平洋戦争の激化のために、閉鎖を余儀なくされた。

正価販売運動を推進

◯1935（昭和10）年▼40歳

1933（昭和8）年ごろから価格競争で市場は混乱し、代理店、販売店の経営は悪化した。早くから「不当に高い利益も、少なすぎる利益も、ともに商売の正道からはずれている」との信念をもっていた幸之助は、この状況を憂慮した。

当時、ごく一部の大メーカーを除き、ほとんどの商品には「定価」がついておらず、販売店が自由に値段を決めて売っていた。そのため、販売競争の激化とともに、値引きも極端になり、経営混乱を招いたのである。

幸之助は、適正な利潤に基づく価格で販売することこそ、メーカー、代理店、販売店3者の経営安定のためのみならず、需要者の不信一掃のためにも必要であると確信した。

そこで、1935（昭和10）年7月、共存共栄の理念に基づいて正価販売運動を実施することを決意し、関係先にあいさつ状を送った。その中で、正価販売は業者のみならず、需要家にも益するものであり、社会生活向上の道も開かれると強調した。

この年11月、連盟店制度を開始したことで正価販売運動は急速に浸透し始めた。需要家に歓迎されただけでなく、業界全体の経営正常化に貢献するものとして、各方面から注目されたのである。

松下電器貿易（株）を設立

松下電器が貿易部を新設し、中国、満州方面を中心に、配線器具、ランプ、乾電池などの輸出を開始したのは、１９３２（昭和７）年４月のことである。

当時は日本の商社で電気器具を扱うところは比較的少なく、ほとんどの会社が外国商社を通じる商社貿易に依存していた。幸之助は松下の製品は松下の独自の方針で輸出しなければならないと思い、新たに輸出部門を設置し、貿易事業を開始したのである。

その後、事業の進展にともない、海外も国内と同様に一貫した共存共栄の理念に基づいた、より積極的な輸出体制の必要性を痛感した幸之助は、１９３５（昭和10）年８月、松下電器貿易株式会社を設立した。

当時、業界でも傘下に貿易会社をもつところはほとんどなかった。これにより本格的な海外への輸出が始まり、販路は東南アジア全域に広がっていくのである。

松下電器産業株式会社に改組

事業の発展とともに、幸之助の経営革新への熱意は高まる一方であった。「企業は社会からの預かりもの」との信念、自主責任経営に対する確信など、さまざまの想いが幸之助の脳裏を去来した。

１９３５（昭和10）年に至り、松下電器は人的にも事業的にも飛躍的に充実した。幸之助は機の熟したことを知り、12月に、松下電器製作所を株式会社に改組し、「松下電器産業株式会社」を設立した。同時に、これまでの事業部をさらに発展させた「分社制」をとり、事業部門別に9社の子会社を傘下に設立、ほかに4友社をおいた。

改組の理由について、幸之助は「今日の松下電器は業容も相当大きくなり人員も増加して、社会的な一大生産機関としての実体をなしている。したがって、これを拡充する責務が痛感され、同時に経営の実情を公開して世間に発表できるようにする必要がある」と述べ、全従業員に自覚を促した。

これにより、松下電器産業株式会社は持株会社として、人事・経理面で分社を管理し、各分社はより徹底した自主責任経営体制のもとで生産販売を行うことになった。

好調なときにこそ、気をつけなければいけない

会社は順調に大きくなっていきましたが、実は要所要所で幸之助は「浮かれてはならない」と従業員に釘を刺すことも忘れませんでした。

1933（昭和8）年7月、門真に本店工場が完成したとき。念願の店員養成所も同じ敷地内に造られ、近日開講の見通しになっていました。

広大な敷地に立ち並んだ工場群に、従業員たちが大喜びになったのは言うまでもありません。ところが、移転を期して朝会の壇上に立った幸之助の言葉は意外なものでした。

「松下電器は今、躍進と崩壊の分岐路に立っている。本所将来の発展、衰亡は、諸君の双肩にあることを考え、一事一物にも〝最慎〟の注意を怠らないよう、この際、特に注意しておく」

華やかさに幻惑され、浮わついた気持ちから経費がかさみ、生産原価も上がる……。社内に安易な気持ちが生まれると、放漫の気風が生じて衰亡への道につながる危険を、幸之助は見抜いていたのです。

さし当たっての緊急方針として、半年間の徹底的な経費節減の断行を命じました。その気持ちは従業員一人ひとりに伝わり、誰もが気を引き締めたのです。

1935年の改組もまた、従業員の気持ちを一新するものでした。基本内規と呼ばれる行動基準を策定するのです。会社はどんどん拡大成長をしているけれど、断じて驕るなかれ。この戒めでした。その後も幸之助は、従業員に対して「一商人であること」「商売人であること」を忘れるなと訴え続けます。その原点は、幼き丁稚奉公の日々だったのかもしれません。

基本内規を制定

◯1935（昭和10）年▼40歳

当時、松下電器の業容はすでに従業員約3500名、年間生産販売高約1200万円に達し、製品種目も、配線器具、電熱器、電池ランプ、ラジオ受信機、小型モーターなど約600種と増加し、販売網も海外まで伸びて、創業18年もしないうちに、電気器具の有力メーカーに成長していた。

まさに旭日の進展ぶりであるが、改組はその中で断行された。このとき、幸之助は業容急進により、経営が放漫になり、従業員におごりの心が生まれることを戒めて、基本内規を制定した。

その第2条に、「本内規ハ松下電器産業株式会社及分立各社ノ経営ヲ行フ指導精神ヲ内規化シタル根幹原則ニシテ……」とし、全社が1つの経営理念に基づく運営がなされねばならないと明示した。

さらに、第15条に、「松下電器ガ将来如何ニ大ヲナストモ常ニ一商人ナリトノ観念ヲ忘レズ従業員マタソノ店員タル事ヲ自覚シ質実謙譲ヲ旨トシテ業務ニ処スル事」と定めた。

この心得は、今日に至るまで脈々と伝えられ、全従業員の心の戒めとして、機会あるごとに強調されている。

ナショナル電球(株)を設立

○1936(昭和11)年▼41歳

この間にも、幸之助は意欲的な事業の展開を図り、1935(昭和10)年後半から、新しく電球生産を志した。

当時の電球業界においては、外国メーカーGEと提携した某社製品が品質も良く市場を支配しており、数多くのメーカーが60Wの電球を10銭、20銭の低価格で販売し、激しく競争している中で、某社の電球のみは36銭であった。

この電球事業への進出を危惧する向きも多かったが、幸之助は国産の電球をつくりたいとの強い信念のもとに事業化に踏み切るとともに、発売に際して、一般の批判を承知の上で、某社製品と同値で売り出した。

当然のことながら、販売店から苦情が続出した。これに対して、幸之助は「相撲でも強い横綱が1人だけでは盛り上がりません。電器業界も同じこと。2人の横綱がいてこそ、業界もさらに発展します。どうか松下電器を横綱に育てるつもりで、この電球を36銭で売って下さい」と訴え、販売店の支援を要請した。

その後、1936（昭和11）年6月、電球工場を独立させ、ナショナル電球株式会社を設立、本格生産に入った。

高野山に物故従業員慰霊塔を建立

○1938(昭和13)年▼43歳

幸之助は、1926(大正15)年に山本武信の招待で高野山に参詣して以来、心引かれるものを感じ、いつかこの霊域に物故従業員の慰霊塔と先祖の墓碑を建てたいと考えるようになった。

1936(昭和11)年春、たまたま旧主五代五兵衛翁(五代音吉が昭和3年に第6代目五代五兵衛を襲名)と一緒に高野山に参詣した時、翁は幸之助に墓所建立を勧めた。幸之助がかねての思いを話すと、翁は喜び、自ら墓地を物色し、奥の院参道、中の橋に近い幽明の地を選定してくれた。

こうして、1936(昭和11)年6月に起工供養、1938(昭和13)年9月21日に、西禅院院主導師のもと、慰霊塔の開眼法要が営まれた。

以来、松下電器は毎年9月、秋の彼岸のうち1日を選んで、高野山西禅院本堂において過去1年間の物故従業員の合祀祭と慰霊法要を挙行している。

苦しい中でも、一筋の光明を見つけられないか

戦争の時代が近づいていました。軍需生産が最優先されるなど、民間企業も時代に翻弄されることになります。松下電器の事業も大きな影響を受け、次第に作りたいものが作れなくなっていきます。

こうした如何ともし難い苦しい状況の中でも、幸之助は一筋の光明を見つけられないかと努力を続けていきました。そして、自分たちは平和な時代の幸せを生む役割を果たすのだ、と従業員を鼓舞していくのです。

「3つの心得」を通達

○1939（昭和14）年▼44歳

日本は大きな変動期を迎えていた。1936（昭和11）年の2・26事件を転機として、軍部が政治に関与し、国防の名のもとに、大規模な軍備拡張を図り、11月にはナチス・ドイツとの間に、日独防共協定を締結。

1937（昭和12）年7月、蘆溝橋事件を発端に日中戦争（支那事変）が勃発、日本は戦時体制へと突入した。9月には、「統制三法」が、1938（昭和13）年4月には、「国家総動員法」が公布され、ついに軍需生産最優先の時代が訪れた。

このとき、幸之助は本来の事業である電気器具の生産をできる限り維持することに努力しつつも、戦時体制の企業の生き残る道として、やむなく軍需生産にも分に応じて協力することにした。

しかし、幸之助は、戦争のために事業本来の目的を見失い、また軍需生産の進出により経営が放漫に流れるのを戒め、1939（昭和14）年3月16日、「経営の心得」「経済の心得」「社員指導及び各自の心得」を通達した。

「経営といひ商売といひ、これ皆公事にして私事にあらず」に始まるこの「3つの心得」は、激動する情勢下において一条の光となり、全員の心を支えた。

テレビの公開実験に成功

松下電器のテレビの基礎研究は、1935（昭和10）年末にさかのぼる。当時、浜松高

第1回経営基本方針発表会を開催

◯1940（昭和15）年▼45歳

等工業学校が研究開発した電子管使用の受像方式を採用して実用化の研究に着手。1938（昭和13）年1月には、モノスコープによる送像装置を完成、有線送受像に成功した。同年4月には、12インチブラウン管使用のテレビを試作、これに次々と改良を加え、昭和14年5月、東京放送会館と日本放送協会の技術研究所間の無線伝達試験に成功した。

このテレビ受像機は、この年の7月、特許局陳列館で開催された電気発明展覧会で一般に公開された。当時の社内新聞は、この展覧会を「日本で初めてのテレビジョン競演の豪華版」と報じている。ここで、松下電器のテレビ受像機は、他社のテレビに先駆けて、実験放送の電波を完全にキャッチし、成功を収めた。

1940（昭和15）年に東京でオリンピックが開催されることが決まり、業界をあげてテレビ開発に取り組んでいた。しかし、その後、戦争のためオリンピックは中止となり、テレビ放送も実現しなかった。そのために、このテレビは戦前には日の目を見ず、家庭に入るまでにさらに戦後数年の経過を必要とした。

1939(昭和14)年9月、ドイツ軍がポーランドへの侵攻を開始、第2次世界大戦が勃発した。日本においても戦時体制はいよいよ強化され、10月の「価格等統制令」、1940(昭和15)年7月の「奢侈《しゃし》品等製造販売制限規則」などにより、民需生産は大きな制約を受けるようになった。

こうした情勢の中で、幸之助は、1940(昭和15)年1月、初めて「経営方針発表会」を開催し、「国策遂行のため全力をあげて協力しなければならないが、一般国民のことを思えば、わが社伝統の平和産業も重大である」と訴えた。

国策の赴くところにより松下電器も軍需品の生産を始めたが、一段と深刻化した資材の入手難と闘いながら、民需生産も続けていた。しかし、商品の品質も悪化の兆しが見え始めたために、幸之助は、この年8月、「優良品製作総動員運動」を提唱し、すべての点で需要者の求めに合致する優良品の製造と不良品の絶滅を訴え、全員の奮起を促した。

なお「経営方針発表会」は、1934(昭和9)年ごろに始まった年末座談会を継承したもので、1940(昭和15)年を第1回として、以後、戎祭《えびすまつり》の吉例にちなみ、毎年1月10日に恒例の行事として開催され、その年の具体的な経営方針が明示されることとなった。

発明者・考案者番付

◯1941（昭和16）年▼46歳

松下電器の創業は、幸之助のソケット考案に始まる。初めに、発明考案があったともいえる。以来、社会の人々に真に役立つ製品を生み出すために、幸之助自ら研究開発に心を注ぐとともに、従業員に奨励し続けた結果、研究意欲は年ごとに高まった。

ちなみに、工業所有権の推移をみると、株式会社に改組された１９３５（昭和10）年末、４６９件だったものが、１９４０（昭和15）年末には、１４２１件と約３倍に急増している。また、いかに研究開発に熱心だったかは、１９４１（昭和16）年制作の発明者・考案者番付表（同年４月現在）によっても知ることができる。東の横綱は中尾哲二郎取締役、西の横綱が幸之助である。

だが、資材の入手難で、商品の劣悪化はさらに進む気配である。幸之助は憂慮し、１９４２（昭和17）年10月に、「製品劣化に関する注意」の通達を出した。

その１条で、「製品には親切味、情味、奥床しさ、ゆとりの多分に含まれたるものをつくり出し、需要者に喜ばれることを根本的の信念とすること」と訴え、魂の込もった製品

――づくりを指示した。

多くの人の心を一つにすることは難しい

幸之助は、セレモニーやイベントがとても好きだったと言われています。折々に従業員を集めて式典を行い、直接、コミュニケーションを交わすことで、心を一つにしていきました。そして直接、従業員にメッセージを伝えることをとても大事にしました。伝えることの難しさを、よくわかっていたのでしょう。

また、運動会も1931（昭和6）年から開催していました。これもまた、従業員の心を一つにまとめることに大いなる力を発揮したのだと思われます。戦後の高度成長期、多くの会社が運動会を開催していました。

組織を動かすとき、一つにまとめることがいかに難しいことか。幸之助は、そのための大きなヒントをたくさん残してくれた経営者でもあります。

【第5章】

繁栄こそが幸福で平和な生活をもたらす

――間違っていることは、間違っている――

たとえどん底に落ちても、見ている人は見ている

幸之助が会社を創業してからの20数年は、日本の激動期にあたります。第一次世界大戦、その後の不況、関東大震災、大正天皇の崩御、ニューヨーク株式市場の大暴落から世界大恐慌、軍部の暴走。そして日本は太平洋戦争へと突入していきます。

幾度も繰り返された厳しい不況の中でも、順調に会社を成長発展させていた幸之助ですが、民生品の製造ができなくなるという、かつてない苦境の時代を迎えます。そして終戦後には、更なる厳しい事態が幸之助を待ち受けていました。

戦前まで順調に会社は成長し、戦後の新しい時代がやってきて、幸之助は順風満帆に戦後を迎えるのか、とも想像したいところなのですが、事実はまったく異なります。

幸之助は、大きな誤解をされ、苦渋の選択を迫られ、不条理に揉まれ、世間に笑われ、想像し得なかった苦しい時代を過ごすことになるのです。

一方で、幸之助を信じていた人たちもいました。長く幸之助を間近で見続けてきた、従業員たちでした。

太平洋戦争が起こる

○1941（昭和16）年▼46歳

1945（昭和16）年12月8日午前6時。突然、ラジオから臨時ニュースが流れた。

「帝国陸海軍ハ今8日未明西太平洋ニオイテ米英軍ト戦闘状態ニ入レリ」

日本軍がハワイの真珠湾を奇襲攻撃するとともに英領マレー半島への進攻を開始したのである。国民は大きな衝撃を受けたものの、その「赫々たる大戦果」に、いつしか「米英何するものぞ」との気概さえ抱き始めた。

マレー沖海戦にも勝ち、香港を陥落。1942（昭和17）年には、マニラ、シンガポール、ジャワ島、スマトラ島などを次々と攻略し、日本軍は西南太平洋の資源地帯を手中に収めた。その「連戦連勝」ぶりに国民は歓喜した。

しかし、それも最初の半年余りにすぎない。1942（昭和17）年6月5日のミッドウエー海戦で大敗を喫し、情勢は逆転。1943（昭和18）年2月9日には、ガダルカナル島から撤退、これは「転進」と報じられたものの、大きな犠牲をともなう敗退であった。

これを境に、戦局は刻一刻と悪化し始めた。

軍の要請で松下造船（株）を設立

○1943（昭和18）年▼48歳

すべての産業活動が軍需生産に動員される中で、松下電器も、軍の要請で、航空機用の電装品、無線機、携帯無線機、方向探知機、レーダーなどの生産を始めた。その間に、日本軍はミッドウェー海戦とガダルカナル島攻防戦で決定的な打撃を受けた。

政府は、戦局の抜本的な建て直しを図るために、１９４３（昭和18）年から、航空機、船舶と関連資材の生産に全産業を動員する非常措置をとった。

松下電器も、軍から強い要請を受けて、未経験の２５０トン型「木造船」の建造を余儀なくされた。１９４３（昭和18）年４月、松下造船株式会社を設立。大阪府堺と秋田県能代に造船所を新設して、「流れ作業方式」による木造船の生産を始めた。

これにはラジオ工場の流れ作業を応用した。全体を８工程に分け、船台をレールに乗せて、１日に１工程ずつ移動し、最後の工程で艤装《ぎそう》（船に装備をつけること）を終わり、そのまま進水させるという独創的な工法であり、大きな注目を集めた。

12月18日、第1回の進水式を挙行。以後、6日に1隻の割合で進水させた。その後、資材不足などの悪条件が重なる中で、終戦までに実に56隻の船を建造している。

軍の要請で松下飛行機（株）を設立

「流れ作業方式」による造船工法に注目した軍は、ある日、幸之助を呼び出し、同じ方式で強化合板の「木製飛行機」を量産するよう要請した。

やっと木造船建造の見通しをつけたばかりのときでもあり、また造船以上の困難が予想されて、幸之助は固辞した。しかし、なお「これは軍の決定だから、ぜひ引き受けてほしい」と言う。国が危急存亡のときである。幸之助は無理を承知のうえで、やらねばならないと決心し、この要請を引き受けた。

1943（昭和18）年10月、松下飛行機株式会社を設立し、急きょ、大阪府住道に工場を建設した。労働力・設備・資材の極端な確保難を克服しつつ、わずか1年数カ月で、第1号機を完成。1945（昭和20）年1月31日、進空式を挙行した。その後、戦局は急速に悪化し、飛行機の生産も困難となったが、全員の懸命な努力で、終戦までに4機をつくった。

　この飛行機の製造は、造船とともに、分野外の事業であっても、全員が一体となって当たれば、いかなる困難も克服できるという貴重な体験になったが、反面、戦後、松下電器が制限令を受ける因となった。

M矢の社章を三松葉に改訂

　戦局は次第に悪化し、緊迫感が広がっていった。もはや戦力の違いは明らかとなった。豊富な資源と巨大な生産力をもつアメリカは、緒戦こそ遅れを取ったものの、急速な立ち直りをみせ、やがて日本軍の占領地域に進攻、次々と失地を奪回し始めた。

　総力戦を覚悟した軍は、経済統制をさらに強化し、国民生活を全面的に支配し始めた。そうした中で、時局柄、英語の使用も制約を受けるようになった。

　M矢の社章は、幸之助が創業間もない１９２０（大正９）年に自ら案出したものであるが、ローマ字の「M」を使用しており、芳しくないとの声が起こった。幸之助は強い愛着を感じたが、思い切って改定することにした。

その後、松下電器の名からヒントを得て、1943（昭和18）年12月、三松葉《みつまつば》の社章を制定した。これは常磐の松の結びを意味し、堅忍不抜、生成発展、協力一致の精神を象徴していた。

社内演芸大会を実施

◯1944（昭和19）年▼49歳

1944（昭和19）年に入り、ビルマでのインパール作戦も惨敗に終わり、続いてマリアナ沖海戦で完敗した日本は西太平洋の制海権を失った。7月、サイパン島でも壮絶な戦いの末、3万余りの日本軍将兵と1万の市民の生命が失われた。

軍はなお強気の作戦を進め、決戦体制を強めたが、国民は食糧の枯渇による窮乏生活の中で、疲労の極に達し、士気も低下した。

このとき幸之助は、全従業員の士気を盛り上げるためには、「こんなときこそ、明朗な心の糧が必要である」との見地から、盛大な社内演芸大会を開くことにした。企画、演出はもちろん、出演から舞台装置まで一切を従業員自らの手で行うのである。

この大会は、1944（昭和19）年9月29日から10月6日まで8日間、大阪の北野劇場（当時の海軍会館）を借り切って開催された。

戦時下、暗うつな日々を送っていた従業員とその家族の間に久しぶりに明るい笑いが戻り、明日への希望もわいた。

みんなを盛り上げられる機会を作る

太平洋戦争こそ始まっていないものの、社会に不穏な空気が流れていた1940（昭和15）年、1941（昭和16）年にも、幸之助は兵庫県西宮市の阪神甲子園球場を借り切って、運動会を開いていました。

そして、この戦争の時代に、幸之助が始めたのが年に一度の経営方針発表会でしたが、その日取りにも意味を持たせました。行なったのは1月10日。関西の人ならピンとくるはずです。

この日は十日戎《とおかえびす》、えべっさんの日なのです。

「商売繁盛で笹持って来い」

この掛け声で大いに盛り上がる縁起のいい日に、新しい方針をみんなで分かち合って明るく行こう。そんな思いだったようです。

みんなを盛り上げられる機会をうまく使ったのも、幸之助という人物でした。

太平洋戦争が終わる

◯1945（昭和20）年▼50歳

日本は連日、B29による空襲を受けるようになった。欧州では、三国同盟を結んだ日独伊のうちイタリアが、1943（昭和18）年9月、無条件降伏。1945（昭和20）年5月、ドイツも無条件降伏をした。

1945（昭和20）年に入り、日本本土への空襲が激化。東京は3月、4月、5月の大空襲をはじめ、前後102回の空襲で、関東大震災をはるかに上回る被害を受けた。空襲は全国206都市のうち98市におよび、死傷者約66万5千人、焼失家屋約236万戸、日本は文字通り焦土と化した。

松下電器も、大阪、東京地区を中心に32ヵ所の工場、出張所などを被災したが、幸い本社と主力の工場は残った。

6月、沖縄地上部隊が全滅。8月、広島、長崎に原子爆弾が投下され、そしてソ連の参戦、ついに日本は悲劇的な結末の日、8月15日を迎えた。

太平洋戦争によって、日本は、死者300万人を出し、国土の半分、国家資産の約4分の1を失った。加えて、精神的破壊ははかり知れないものがあった。

戦後の経営再建に取り組む

1945（昭和20）年8月15日正午、幹部社員は本社講堂に集まった。ラジオから「終戦の詔勅」が流れてくると、おえつが起こり、広がった。

この瞬間、全員が暗澹《あんたん》とした気持ちに襲われた。敗戦という事実を前にして、ただ呆然《ぼうぜん》とうなだれ、言い知れぬ虚脱感に打ちひしがれていた。

幸之助は、この姿を眼の当たりにして、胸中深く期すものがあった。

その夜、眠れないままに、「今こそ明確なる方針のもとに、全員が一致団結し、復興に努めなければならない」と決心。明けて16日、幸之助は幹部を講堂に集めて、直ちに民需産業に復帰するとの方針を明示した。続いて8月20日、「松下電器全従業員諸君に告ぐ」

との通達を出し、その中で「生産こそ復興の基盤である。伝統の松下精神を振起し、国家再建と文化宣揚に尽くそう」と訴えた。

深い悲しみの中から、いち早く立ち上がり、陣頭指揮に当たる幸之助のこの気迫に、従業員の不安と動揺は静められ、生産準備は迅速に進んだ。

だが、事態は急変。松下電器は、それから5年間、苦難の道をたどることになった。

何があっても、前を向くのがリーダー

終戦を告げるラジオ放送を聞いた幸之助は、虚脱感に包まれた社員たちをとにかく家に返した後、自らも力が抜けていくのを感じていたそうです。

しかし、今後のことは、自分で考えなければなりません。

「無条件降伏は残念だ。でも、終わった以上は今後のことを考えねばならない」

幸之助は2万の従業員と60の工場のことを思い、生かす道を探りました。従業員の動揺が計り知れない中、前を向かなければいけないのは、リーダーでした。

日本人の誰もが先行きの不安を感じていたとき、松下電器では進むべき道、使命が早くも示されていったのです。

労働組合の結成大会に進んで出席

◯1946（昭和21）年▼51歳

1945（昭和20）年8月末、マッカーサー元帥が指揮する占領軍は、日本進駐に当たりGHQ（連合国総司令部）を設置、日本をその完全な統治下におき、次々と非軍事化と民主化政策を打ち出した。

10月には、成立早々の幣原《しではら》内閣に労働組合結成奨励を含む民主化5大改革を指令した。

12月には、労働組合法も公布されて戦時中抑圧されていた労働運動に火がつき、組織化が進んだ。しかし社長追放など過激な運動を起こす組合も多く、憂慮された。

松下電器でも伝統ある歩一会に代わって、1万5000人、42支部からなる松下産業労働組合（昭和22年に松下電器産業労働組合となる）が結成されることになり、昭和21年1月30日、大阪の中之島中央公会堂で結成大会が開催された。

幸之助は招かれないまま、進んでこの大会に出席し、祝辞を述べた。

「この組合の結成により、わが社の民主経営に拍車がかけられると思う。これを期して、全員一致して、真理に立脚した経営を行っていきたい。正しい経営と正しい組合は必ず一致すると信じる」

短いながらも、従業員に全幅の信頼を置いたこの訴えに、大きな拍手が起こった。この成り行きは、来賓の、労働運動の闘士たちにも予想外のことであった。

7つの制限を受ける

松下電器は、戦後直ちに民需生産への転換を発表し、生産再開に取りかかったが、その矢先の9月2日、GHQから陸海軍解体・軍需工業停止を目的とする一般命令第1号が発せられた。これに関連して、松下電器の民需生産再開に対してもストップがかけられた。

再建の意気あがる第1歩でのこの生産中止命令に、全員は大きなショックを受けたものの、すぐに許可申請活動を展開。事情を説明して抗議をしているうちに、民需生産転換の基準も決まった。

9月半ば、ラジオの生産が許可されたのに続き、乾電池、電熱器、電球と次々と許可され、10月中には、全事業場が生産再開へとこぎつけた。

ところが、1946（昭和21）年に入ると状況は一変。悪性インフレの中でGHQの方針も厳しくなり、松下電器は相次ぐ制限令を受けるに至った。

3月に制限会社の指定を受け、すべての会社資産が凍結されたのをはじめとして、6月に財閥家族の指定、7月に賠償工場の指定、8月に軍需補償の打ち切り、11月に公職追放の指定、12月に持株会社の指定、昭和23年2月に集中排除法の適用という7つの制限を受け、松下電器は解体の危機に直面した。

財閥指定に抗議

これらの制限の多くは、GHQの財閥解体方針に基づいて指定されたものであるだけに、幸之助にはどうしても納得できないものがあった。

松下電器は、幸之助が一代で築き上げた会社であり、何代も続いて日本の財界を動かしてきた財閥とは根本的に異なるのに、それが同列に指定されている。

幸之助は「松下電器の事業は本来平和的な生活必需品の生産販売である。軍の厳しい要請で、仕方なく分野外の仕事をしたために、自分は大きな借金を負った戦争被害者である。借金で身動きの取れない財閥などないではないか。この財閥指定は明らかに間違いである。間違いは正さねばならない」と決心した。

それから4年間、幸之助は50数回にわたってGHQに出頭し、抗議を繰り返した。また、高橋荒太郎常務も、前後100回近くGHQに出頭し、指定解除の交渉を続けた。

こうして最後まであきらめず抗議を続けているうちに、幸之助の生い立ちと松下電器のありのままの姿が理解され、同時に占領政策も徐々に緩和されてきたこともあって、1950(昭和25)年後半になり、ほとんどの制限が解除された。

しかしその間、幸之助は個人資産も凍結され、生活費は公務員の給与ベースに制限されたために、友人に借金して、毎月の生活を維持するという窮状に陥っていた。

公職追放除外嘆願運動が起こる

1946(昭和21)年11月には、幸之助をはじめ常務以上の重役が旧軍需会社の役員として、公職追放の指定を受けた。

幸之助は、財閥指定に対しては徹底的に抗議したものの、公職追放は旧軍需会社の役員全員に適用されるものであり、抗弁の余地がないと一時は退任を覚悟した。しかし、このニュースは従業員や代理店その他の関係先に大きなショックを与えた。

「いま再建の支柱である社主を失うことは、松下電器の崩壊を意味する。社主の追放解除をGHQに要望しよう」という声が、期せずして起こった。

誕生間もない松下産業労働組合は、幸之助の公職追放除外嘆願運動を開始し、組合員とその家族が署名した、1万5000通からなる嘆願書を携えて、GHQや政府当局に陳情した。

当時は、経営者の戦争責任を糾問して、追放運動を起こす例が多かったときでもあり、松下産業労働組合の運動は政府当局に強い感銘を与えた。また、代理店、販売店の間からも除外嘆願運動が起こり、同じように陳情がなされた。

こうしたこともあってか、幸之助は1947（昭和22）年1月、無条件追放のA項指定から資格審査後に追放となるB項指定に変更され、さらに同年5月、異例の措置として追放指定を解除された。

人間は危機的状況のとき、その真価が現れる

戦争直後、幸之助は予想もしなかった事態に見舞われることになります。あろうことか、GHQから「松下は財閥」と判定され、松下電器は「制限会社」に、松下家は「財閥家族」に指定されてしまうのです。

しかし、社史から見ても、規模から見ても、業容から見ても、財界での位置から見ても、どこから見ても松下は「財閥」ではありませんでした。

当時、絶対的な権力を持っていたGHQでしたが、幸之助はひるむことなく「GHQは間違っている。間違いはただすべきだ」と何度も足を運ぶのです。

指定を受けた他の会社の社長は、次々と辞任をしましたが、幸之助は頑として辞めませんでした。粘り強い説明が功を奏したのは、4年後のことでした。それにしても「間違いは間違い」と簡単に諦めなかったところに、幸之助の事業への、会社への思いの強さ、さらには正義感と清廉潔白さが表れています。

公職追放で次々と多くの会社の社長が辞任に追い込まれていく中で、労働組合が追放除外嘆

願運動を行うという、周囲も驚く動きが出てくることになります。
幸之助がそれまでに経営者として正しく従業員に向き合い、真っ当なことをしていなければ、こんなことは起こり得ないでしょう。人間は、危機的状況のとき、その真価が現れるのです。

PHP研究所を創設

○1946（昭和21）年

悪性インフレの急進に加えて、大凶作による食糧不足に見舞われ、日本は危機に直面していた。道徳の乱れ、人心の荒廃は目に余るものがあり、平和とはほど遠い状態だった。

また、当時の法律や制度の中には、社会の実状や人情に合わないものも多く、まじめに働く人ほど損をするといった矛盾点が少なからず見られた。

そうした世相の中で、幸之助は、これが人間本来の姿なのかという強い疑問を抱き、人間そのものについて、また人間社会の意義について、さまざまの思いを巡らせた。

そして「この世に物心一如の繁栄をもたらすことによって、真の平和と幸福を実現する道を探究しよう」と決心した。

そこで、幸之助はこの「繁栄によって平和と幸福を」（Peace and Happiness through

Prosperity）を実現するための研究および運動の機関として、1946（昭和21）年11月3日、「PHP研究所」を創設、第1次研究10目標を掲げ、広く社内外の人々に働きかけた。

1947（昭和22）年4月には、PHP誌を創刊、翌年2月からは、大阪中之島図書館で毎月1回、研究講座を開催するなど積極的な活動を展開した。

廃墟の中でのこの働きかけは、飢餓に苦しむ人々の共感を得て、PHP運動の波紋は次第に広がっていった。

会社の苦境を従業員全員に訴える

◯1948（昭和23）年▼54歳

1948（昭和23）年後半に至り、財閥解体方針にもようやく緩和の兆しが見え始めた。しかし、インフレを抑制するために、政府がとった金融引き締めは、物価の上昇を鈍化させたものの、新たに深刻な資金難を引き起こした。

その影響は松下電器にもおよび、この年の秋には、資本金4630万円の松下電器が4億円の借入金、3億円の支払手形、未払金の重荷に苦しみ、10月から給与の分割払いを余儀なくされるという苦境に陥った。

その間、幸之助は銀行からとくに2億円の融資を受けて経営の建て直しを図ったが、製品の公定価格の引き上げが予定より遅れたため、せっかくの資金もその穴埋めのために消えてしまうという事態が起こった。

そうした苦境の中で迎えた年末。このままで推移すれば、恒例の年末賞与も払えない。幸之助は、12月10日、「我社の興亡をかけて従業員諸君に切望す」という文書を発表した。その中で、幸之助は年末賞与を支給できない会社の苦境を率直に申し述べ、「経営を堅実化し将来の飛躍にそなえるならば、前途は明るい」と訴えた。

物品税の滞納王と報道される

◯1949（昭和24）年▼54歳

日本経済の急速な安定を図るため、1948（昭和23）年12月の経済安定九原則に続き、翌年3月には、ドッジ・ライン（超均衡緊縮予算）が強行された。

これにより、インフレは一応抑制されたが、金融の引き締めによる資金難、購買力の低下は一層進行し、中小企業の倒産が相次いだ。松下電器も支払手形の決済にこと欠く苦境に追い込まれた。

すでに過去3年間赤字経営が続き、危機に立たされた1949（昭和24）年1月の経営方針発表会で、幸之助はこう語っている。

「われわれが産業人であるならば、これだけの人の働きの成果を黒字にもっていき、国家の繁栄、社会の繁栄、従業員の生活向上になるような成果ある仕事をしなければならない。そうでなければ、あってかいない存在であると考える。あってかいない存在であるならば、松下電器は解散してもよいと思う」

ここまで訴え、全員の奮起を促した。

その後、組織の統合、販売部門の強化、人員整理などを行い、建て直しを図ったが、デフレによる不況の深刻化で、7月にはラジオなど12工場が半日操業を余儀なくされた。

年末には、物品税の滞納王として、幸之助の名が報道されるという事態にまで立ち至った。

できないのであれば、できることをする

ＧＨＱの指令で、幸之助は給料までも制限されていました。その生活は窮乏し、従業員はこんな噂をしたそうです。

「おい、驚いたで。社長の家に冷蔵庫の具合を見に行ってきてんけどな、中に何入ってたと思う」

「そんなにええもん入ってたんか」

「逆や。何と芋のつるや。丼がひとつと、そこに芋のつるが入ってるだけやった」

会社の再建に心血を注いできた幸之助でしたが、会社は赤字、自分は食うにも困るという非常に苦しい生活が長く続きました。

そして１９４９（昭和24）年には、松下電器の物品税滞納が世間の話題となってしまい、幸之助は新聞に「滞納王」と報じられるほど行き詰まった状況に陥るのです。

製品の公定価格が低く抑えられている一方で、驚異的なインフレに見舞われ、松下電器は製品を作れば作るほど赤字が増える状態にありました。幸之助にとっては、自分の会社が赤字を

出し続けることは、耐え難い苦痛でした。

「正しく法を守り、誠意を尽くして働いている者がみんな苦しみ、悪徳が栄えている」

幸之助は戦後の混乱した社会を憂いていました。

「どうしたら人間の苦しみを無くし、正しい、平和な社会が築けるだろうか」

考えた末、幸之助が出した結論は、これでした。

「繁栄こそが幸福で平和な生活をもたらすものである。今の日本では、その繁栄をもたらす理念が認識されていないから、平和な社会が築けないのだ」

こうして始まったのが、「繁栄によって平和と幸福を」というPHP活動でした。この考えを実現しなければ、国家の安定もなく、ましてや会社の安定もない。その実現方法を研究し、その考え方を世間に広める機関としてPHP研究所を設立。幸之助は、一産業人としての立場を越える決心をします。

当時はまだ事業活動が制限され、時間があったことも手伝って、勉強会や講演会の開催、機関誌「PHP」の創刊、そして街頭でのビラ配りと、PHP運動に精力を傾けました。

人生最大の苦難の時期に、思想家、そして著述家としての幸之助が生まれたのです。

緊急経営方針発表会を開催

○1950（昭和25）年▼55歳

国民の期待も空しく、日本経済の自立には、まだ遠い道のりが残されているかに思われた。そこに、1950（昭和25）年6月25日、突如、朝鮮戦争が起こった。

日本は戦場に近いこともあって、朝鮮戦線に出動する国連軍（主に米軍）から大量の物資や役務サービスが発注された。この特需が契機となり、日本経済は急速に回復し始めた。

こうした事態の推移に着目した幸之助は、7月17日、緊急経営方針発表会を開催。「この関頭に立って、日本の真の再建に思いをやるとき、仕事に励む喜びが芽生えてきた。ここに、全精力を燃やし尽くし、歓喜の姿で会社経営に注ぎ込むことを宣言する」との決意を述べた。

時に、経営活動を拘束し続けてきた7つの制限から順次解除され、1950（昭和25）年後半に、ほとんど自由の身となったこともあって、幸之助は全力を注ぎ、経営再建に取り組んだ。その結果、松下電器の業績は短時日にして好転し、11月期には戦後初めての復配を決定、3割配当を行うまでになった。

それから1年後の1951(昭和26)年7月17日、この日を記念して「大飛躍を誓い合う会」を開催、感激も新たに次の躍進を誓い合った。

「再び開業する心構え」を説く

◯1951(昭和26)年▼56歳

朝鮮戦争の特需が呼び水となり、景気が急速に回復する中で、松下電器もほとんどの制限を解除され、心機一転、経営再建へと力強く踏み出した。

このときに当たり、幸之助は、松下電器の進むべき道について深く思いを巡らせた。敗戦後の5年間は、国家も松下電器も、苦闘の連続を余儀なくされたが、前途に曙光の見え始めた今、かえりみれば、教訓もまた数多く残されたのである。日本の将来と考え合わせて意義深いのは、日本人が真の〝人間性〟に目覚め、世界人としての立場で思慮するようになった点であった。

このことに思い至った幸之助は、これからは、世界的な視野に立って、日本の真の再建復興に携わらねばならないと痛感。1951(昭和26)年1月、経営方針発表会で、「再び開業する心構え」を説いた。

「今まで狭い視野のもとに働いていたわれわれは、今や世界の経済人として、日本民族の良さを生かしつつ、世界的な経済活動をしなければならない。われわれは世界人類の一員であるとの自覚のもとに、経営を再検討し、その成果を早急に上げるために、〝松下電器は今日から再び開業する〟という心構えで経営に当たりたい」

そして、進んで海外事情を見聞し、視野を広げるために、初めてアメリカ視察に行くことを発表した。

アメリカ視察の旅に出発

1951（昭和26）年1月18日、幸之助はアメリカに向けて旅立った。

アメリカに来てみて、まずその発展ぶりに驚いた。ニューヨークでは、昼でもこうこうと電気がついていた。当時の東京は毎日午後7時から1時間停電していたのである。

また、GE社の標準型ラジオが24ドル、工員の賃金の2日分ほどの値段で売られていた。日本で同じ程度のラジオを買うためには、従業員は1ヵ月半ほどの賃金を払わねばならない。

例をあげればきりがないが、それほど豊かさに大きな差があった。

幸之助はその繁栄ぶりを見聞するにつけ、日本の現実を思い、「早くアメリカのようにしなければならない」と痛感した。そして、その繁栄の原動力について考えた。

国富の違いもあるが、社会や企業などあらゆる面で、アメリカは各人の天分なり、知恵が存分に生かされるような仕組みになっていることに思い至った。

4月7日、帰国。行きは、5分刈りの頭だった幸之助が、髪を伸ばしキチッと分けている。出迎えの人びとは驚いた。何かしら新時代の到来を予感させる、さわやかな帰国風景だった。

帰国後、幸之助は「民主主義は繁栄主義である。日本も真の民主主義になったら、必ず繁栄する」との考えを発表した。

言葉がわからなくても、見えてくるものがある

アメリカ視察に行くことを発表後、わずか2週間後には、幸之助は機上の人になっていました。日本と違うアメリカは、幸之助の心を強く揺さぶりました。

豊かさばかりではありません。人々の合理的で気さくな考え方、工場の規模の大きさ、専門細分化による生産性の高さ。何よりスケールとスピードの違いが、幸之助の心をとらえました。

実はもともと1ヵ月の滞在予定でしたが、3ヵ月に伸びることになります。そして幸之助はアメリカで見たことを16通の手紙にしたため、会社に送りました。それはそのまま、社内報に掲載されることになりました。

興味深いのは、その目の付け所です。「テレビジョンはいま全盛」「さすがは世界一の大都市」「徹底した家庭電化に感心」といった内容は幸之助の興味で想像ができますが、それだけではありません。

「目につく婦人の活躍ぶり」「青年社員は英語の勉強を」「物価は日本と大差ない」「公徳心にはまったく感銘」「アメリカ文明まだ過渡期」など、さまざまな角度からアメリカを見つめて

いるのです。

ある日、幸之助は海水浴場を見に行く機会がありました。季節は冬。立ち寄った人影のないトイレで驚きます。落書きだらけの汚れたトイレを想像していたのに、予想に反して清潔なトイレだったからです。

聞けば、清掃は役所がしているといいます。そして、そのために我々は税金を払っているのだ、と聞かされるのです。

日本では、役所や役人は「お上」と奉られていました。税金は「納める」もの。ところがアメリカでは逆でした。役所をサービス機関ととらえ、目的をしっかり自覚して税金を払っていたのです。

一方、アメリカの良さも見ながら、改めて日本の良さにも触れています。アメリカ礼賛一辺倒になるのではなく、日本の良さは良さとして、冷静に見つめていました。

ちなみに幸之助はアメリカで毎晩のように、映画を見に行っていたそうです。言葉は分からなくても、映画を通じてアメリカ人の生活を知ることができた。一足先に、豊かなアメリカ人のさまざまな暮らしを、自分の中にインプットしていったのです。

輪界復帰を発表

○1951（昭和26）年

松下電器と自転車業界との関係は、1923（大正12）年発売の砲弾型電池ランプに始まる。その後、角型ランプを発売するなど、松下電器の草創期は自転車用品によって築かれたのであり、自転車業界はいわば松下電器の故郷ともいえる業界である。しかし、太平洋戦争のために、民需生産の中止を余儀なくされ、輪界との関係もとだえた。

戦後、この輪界に多数のメーカーが乱立、価格競争が激化した。薄利のために、経営的に不安定な状態が続き、倒産する業者も少なくなかった。

輪界に強い関心を抱いていた幸之助は、こうした事態が進行することを憂慮した。たまたま、このとき「ナショナル」という自転車の商標をもっていた東京部品工業から、その商標を譲渡するとの話がもたらされた。幸之助は業界の正常な発展のために、輪界復帰を決心した。

1951（昭和26）年6月18日、「ナショナル輪栄会総会」を開催した。席上、幸之助は「適正価格を維持することこそ、業界に真の繁栄をもたらす基礎的条件である。松下電器は適正価格を堅持し、業界の安定勢力となり、業界の真の繁栄に貢献したい」と訴えた。

中川機械（株）と提携

◯1952（昭和27）年▼57歳

電化時代の到来をいち早く予想して、松下電器は、戦後、中断していたテレビの研究試作を再開、1951（昭和26）年9月には、洗濯機の生産販売を開始した。それに続く大型電化製品として、冷蔵庫の開発をも進めていた。

たまたま、1951（昭和26）年8月、工作機械の専門メーカーとして知られ、戦後、進駐軍用の冷蔵庫を生産していた中川機械株式会社から提携の話が起こった。

経営者の中川懐春と会って話をしてみると、てきぱきとした言葉で、会社の実情を説明し、「引き受けて下さるなら、無条件で一切をお任せします」と言った。自分の利害を超越した、まことに恬淡《てんたん》とした態度である。幸之助は心を打たれ、資料を求めることもなく、また工場も見ずに、即座に提携することに決めた。

1952（昭和27）年2月、提携が成立。翌年8月、中川機械は、社名を中川電機株式会社と改称、その後、松下電器との関係もさらに深まり、1972（昭和47）年11月、松下冷機株式会社となった。その間、常に新しい生産技術を導入するなど合理化を行い、他に先駆けて一般家庭用の機器を開発、冷蔵庫などの普及発展に大きな役割を果たした。

フィリップス社と技術提携

かねて欧米の先進技術を導入することが、戦後の復興には不可欠であると考えていた幸之助は、１９５１（昭和26）年10月、再び渡米、ヨーロッパを回り、12月に帰国した。今度は、具体的に技術提携先を求めるのが目的だった。

結局、戦前から取引のあったオランダのフィリップス社と提携交渉を始めたが、交渉は難航した。

先方は、提携の条件として、新会社に対して、イニシャル・ペイメント55万ドル、株式参加30％、ロイヤリティー（技術指導料）７％を要求した。

前の２つは仕方がないとしても、ロイヤリティーの７％は高すぎる。アメリカなら売り上げの３％ですむ。先方は「高くても、それだけの値打ちはある。技術責任者を出し、責任をもって指導する」と譲らない。

そこで、幸之助は「経営にも価値がある」との信念から、経営指導料を逆に要求、先方を感心させた。

その結果、1952（昭和27）年10月16日、フィリップス社の技術指導料4・5%に対して、経営指導料3%で契約は成立、12月に新会社・松下電子工業株式会社が発足した。

その後、この比率は3%と2%に改定されていったが、1967（昭和42）年の契約改定時には、ついに同額の2・5%ずつとなった。

足りないものがあるなら、教えを請えばいい

アメリカ視察を敢行してからわずか2年足らず。1952（昭和27）年10月の渡欧は、すでに3度目の海外でした。

世界にはすぐに電化の時代が来る。その時、世界を相手にするには、飛躍的な技術の向上と合理化が不可欠。初渡米以来、幸之助には並々ならぬ危機感がありました。

素直さを大事にし、自分に足りないことは、素直に教えを請うてきたのが幸之助です。今は

世界に教えを請う時だ。しかも、ことは一刻を争うと感じていました。

そして選んだのが、オランダのフィリップスでした。しかし、松下にとって、これは大きな賭けでもありました。提携の条件として、自社の資本金よりも多い資本金を持つ子会社を設立することになったからです。

本当にこれでいいのか。調印を目前にして、幸之助は最後の自問自答を繰り返しました。ペンを持つ手が震えました。迷いが晴れない自分を叱り続けたのです。

「ええい、ここまで来て迷うやつがあるか」

迷いに迷った幸之助の決断の是非は、数年後に明らかになります。この提携で誕生した松下電子工業株式会社は、しばらくしてあらゆる松下商品の品質を支える電子管や半導体を生み出していったからです。

景気回復期に、いち早く世界を目指し、だから今こそ世界に学ばねばならない、と素直に考えた幸之助の志の高さが、高度成長の波に乗って「家電の松下」の世評を揺るぎないものに育てていったのです。

乾電池の自主開発を決意

○1952（昭和27）年▼57歳

同じころ、幸之助は乾電池についても外国技術の導入を考え、アメリカのE社を見学、帰って技術担当の中尾哲二郎常務に相談した。だが、中尾常務は、松下独自で開発することを進言した。

幸之助は1日も早く良い乾電池をつくりたいとの思いもあり、中尾常務を説得し、技術導入の交渉を開始した。

交渉に入ると、先方は、2％のロイヤリティーを要求してきた。しかし、よく聞いてみると、乾電池だけでなく、ランプケースまで含めて、いわゆる乾電池関連製品全部に対する2％である。ロイヤリティーは乾電池だけが本筋といくら主張しても、先方は要求を変えず、交渉は行き詰まった。

中尾常務は再び、「そんな不当な金を払ってまで技術導入をする必要はありません。必ず良いものをつくりますから、ぜひやらせて下さい」と熱心に訴えた。

幸之助は、その熱意に心を打たれ、これまでの提携交渉を円満に解消し、松下独自の技術で開発するとの決断を下した。この決定で、技術陣は奮起し、1954（昭和29）年4月、E社の乾電池に劣らない高性能のナショナルハイパー乾電池を生み出した。

日本ビクター（株）と提携

○1954（昭和29）年▼59歳

たまたまこの時期、幸之助は日本興業銀行から日本ビクター株式会社の再建を懇望された。日本ビクターは、戦前から「犬のマーク」で親しまれ、国民のアイドルともなっていた会社である。それが空襲による大打撃を受け、支援を仰ぐべき親会社のT社も戦後の復興で手が回らず、１９５３（昭和28）年には経営危機に追い込まれていた。

資本金２５００万円に対し約５億円という莫大な債務を抱えていたから、主要取引銀行の日本興業銀行が苦慮するのも無理はない。T社など各方面に働きかけたが、この負債の肩代わりをしてまで引き受けるところはなく、松下電器に話が持ち込まれたのである。

そのとき、幸之助の頭にふと「犬のマーク」が浮かび、「せっかく築いた〃日本ビクター〃ののれんを無にすることは、日本の産業界にとって大きな損失である」と考え、この再建を引き受けることにし、１９５４（昭和29）年１月、正式に提携した。

その際、幸之助は「正しい競争の中でビクターの特長を生かしてこそ真の発展がある」との考えから、話し合いによる調整を許さず、松下電器と日本ビクターは互いに競争しな

――がら、その成長を図っていくことになった。

「人々を幸せにできる」と信じられたからこそ……

技術の強化を図り、新しい工場を作り、世に製品を送り出した幸之助でしたが、実は力を入れたのは、それだけではありませんでした。

新しい家電製品がいかに素晴らしいものか、多くの人々の生活を豊かにするか、啓発活動にも力を入れたのです。しかも、ありとあらゆる手段を使って活動を行いました。

販売店や百貨店など、製品を販売する場所で活動を展開しただけではありません。

広告宣伝を積極的に行い、後に東京や大阪などの一等地に大規模なショウルームを開設しました。東京駅前や誕生したばかりだった東京タワーの1階にもショウルームがありました。

また、地方都市には、家電製品を満載したキャラバンカーを走らせました。農村までヘリコプターを飛ばしたこともありました。いたる所で家電の展示会、啓発活動を行うのです。

後に全国に「ナショナルショップ」ができることになりますが、この専売店の仕組みも、販売のみならず、啓蒙活動の意味合いが大きかった。

製品をただ作ったから売れたわけではないのです。その魅力をしっかり理解してもらおうという努力があったからこそ、人々に製品は理解され、売れていくことになったのです。

そのスローガンの一つ、「限りなく優良品を世の中に、そして豊かな電化製品を人々に」は、従業員から公募を募ったものでした。「水道哲学」という経営理念が従業員に浸透していたからこそ、こんな標語が生まれたのでしょう。

１９５３（昭和28）年の新春広告では、電化製品を使った最新の生活をイラスト化して発表しています。実はそこに描かれている冷蔵庫は、まだ発売前のものでした。発売していないのに、世にアピールをしていた。夢の生活を一刻も早く知ってもらいたいと考えたのです。

さらに、後に松下電器を象徴するＣＭとなる「明るいナショナル」のコマーシャルソングも生まれます。ミセス・ナショナル、ミス・ナショナルというメインキャラクターも作りました。初代のミセスは高峰秀子。ミスは若き日の若尾文子でした。

とにかく知ってもらう。それが幸せにつながる。これが、幸之助のやり方だったのです。

「5カ年計画」を発表

◯1956（昭和31）年▼61歳

1955（昭和30）年は神武景気に支えられて、実質経済成長率は暦年で8・8%に達した。1956（昭和31）年版の「経済白書」は「もはや戦後ではない」と宣言している。

この時期、幸之助は再建期から、いよいよ本格的な活動期に入ったことを察知し、1956（昭和31）年1月の経営方針発表会で、「松下電器5ヵ年計画」を発表した。

内容は、1955（昭和30）年現在で年220億円の販売高を、1960（昭和35）年に年800億円に、従業員を1万1000人から1万8000人に、資本金を30億円から100億円にするというもの。構想の大きさに、全員は驚いた。また、当時民間企業でこうした長期計画を発表するところはなく、各方面に大きな反響を呼んだ。

幸之助はこう訴えた。

「この計画は必ず実現できる。なぜかというと、これは一般大衆の要望だからである。われわれは、大衆と〝見えざる契約〟をしているのである」

幸之助の予測に違わず、この計画は、4年間でほぼ達成され、5年後の1960（昭和35）年には、販売高1054億円、従業員約2万8000人、資本金150億円となり、目標をはるかに上回った。

「できるはずがない」と思えるような目標を掲げる

1956(昭和31)年に発表された「松下電器5ヵ年計画」は、世の中を仰天させることになりました。当時、5年スパンの長期計画を発表するような会社はなかったのです。しかも、出された数字が驚くほどに大きなものでした。220億円の売上高を5年後に800億円にする。社員は1割ずつ増やして1万8000人にする。資本金は1000億円にする。これが、社内外を驚かせました。社員の誰もが、そんなことができるはずがない、と思っていました。というのも当時、業界のトップを走っていた東京の財閥系大手メーカーの売上が、重電を含めて目標ほどだったのです。誰も、そんな会社に追いつけるとは思っていなかった。

社内では、「嘘八百」という言葉が出たそうです。しかし、幸之助の考えはまったく違っていました。大事なことは、「従業員に夢を与え続ける」ことです。

何より一般大衆がそれを望んでいた。みんなが幸せな生活を求めていた。人々が望んでいることに応え、人々に幸せをもたらすことならば、必ずや結果は出せる、と考えたのです。実際、この目標は見事に達成。同時に、一般大衆は夢を手に入れることができたのです。

【第6章】

リーダーの条件

――夢、本気、そして責任――

大きな夢は、周囲をも動かしていく

幸之助は、他にも夢を掲げていました。

「週5日制の実現」「欧米を抜く賃金水準」という目標です。やはり冷笑されるのですが、これもまた実現します。有言実行するのが幸之助でした。

「松下電器5ヵ年計画」は、実は他の電機メーカーをも刺激することになります。追随する企業が現れたのです。業界を挙げて、「一般大衆の要望」は実現に向かって拡大していくことになります。

そして、追随企業は、松下電器以上の伸び率を示しました。幸之助は「我々は商売に徹しきれていない」、そう反省したと言われています。

オレンジ・ナッソ勲章を拝受

◯1958（昭和33）年▼63歳

松下電器とフィリップス社との提携によって誕生した松下電子工業の成功は、日蘭両国の交流を深めるのに、大きな役割を果たした。このことが契機となり、1958（昭和33）年6月に、幸之助はオランダ女王から、日蘭両国の友好親善・経済交流の増進に貢献したとして、「コマンダー・イン・ザ・オーダー・オブ・オレンジ・ナッソ」勲章を拝受した。

これに対し、幸之助は何かお報いしたいと考えた。調べてみると、東京には日蘭協会があるが、関西にはない。そこで、関西にも独立した協会を設立し、日蘭友好を図りたいと思い、有志に働きかけ、1954（昭和34）年3月、関西日蘭協会を創立し、会長に就任した。

なお、1968（昭和43）年4月にはブラジル文化功労勲章が、1972（昭和47）年10月にはベルギー国王から王冠勲章が、1979（昭和54）年2月にはマレーシア政府から、パングリマ・マンク・ネガラ勲章とタン・スリの爵位が、1983（昭和58）年3月にはスペイン政府からメリトシビル大十字章が贈られた。

アメリカ松下電器を設立

◯1959（昭和34）年▼64歳

神武景気の反動で起こった、1957（昭和32）年後半からのいわゆる「なべ底」と称される景気後退があったが、これは短期間で終わり、日本経済は、1958（昭和33）年後半から、神武景気をさらに上回る岩戸景気へと移行した。

こうした情勢下、幸之助は、日本はすでに一人前となり、いまや貿易を通じて海外にも貢献すべき時代を迎えたことを察知した。

当時、松下電器の輸出は、1958（昭和33）年度現在32億円で、まだ売り上げの7・8%ほどであった。

幸之助は、1959（昭和34）年1月の経営方針発表会で、相手国の身になって考え、相手国に喜んで受け入れられるものを工夫し、生み出す熱意をもたねばならないと担当者に要望した。

そして、海外事業の充実を図る第1歩として、この年9月、アメリカ松下電器株式会社を設立。11月、海外事業の統括部門として国際本部を新設した。

こうした海外事業分野の強化によって、1年後の1960（昭和35）年に輸出額は早くも108億円となり、売上の10%以上を占めるまでになった。

なお、アメリカ松下電器は、1963（昭和38）年にパンナムビル内に移転、1975（昭和50）年には、ニュージャージー州シコーカス市に移った。

「5年先に週5日制を」と発表

◯1960（昭和35）年▼65歳

岩戸景気の中で繁栄を続ける日本経済であったが、それは手厚い保護貿易政策により実現されたものであり、外国から日本に対する貿易自由化の要請が次第に強くなった。

1959（昭和34）年10月、東京で開催されたガット（GATT＝関税及び貿易に関する一般協定）総会で、強く自由化を迫られた政府は、1960（昭和35）年に、「貿易為替自由化計画大綱」を出し、3年後に自由化率を90％にすると発表した。

幸之助は、これからは国際舞台で互角に競争し、打ち勝てる企業にならなければならないと痛感、「5ヵ年計画」に次ぐ目標について思いを巡らした。

1960（昭和35）年1月、幸之助は経営方針発表会の席上、こう述べた。

「国際競争に打ち勝つためには、設備の改善やオートメーションを進めるとともに、仕事の能率を大いに高めなければならない。そうなると、アメリカと同じように週2日の休みが必要である。それができて、はじめて世界のメーカーとして互角に商売ができると思う。

5年先に週5日制を実施したい」

この発表は全員を驚かせたが、5年後の1965（昭和40）年4月、計画通り実施された。

オランダを夫婦で訪問

1960（昭和35）年5月28日、幸之助夫妻はオランダに旅立った。1958（昭和33）年にオレンジ・ナッソ勲章を拝受し、かねがねそのお礼を申し述べたいと思っていたところ、ユリアナ女王から招待を受けたのである。

ヨーロッパの王室やしきたりについての知識がないので、夫妻はやや緊張の面持ちで、宮殿に向かった。玄関で肩に金モールをつけた侍従武官の出迎えを受けた夫妻は、いよいよ身を固くして部屋で待っていた。すると、そこへ50歳ぐらいの婦人が入って来た。その婦人がユリアナ女王その人だった。

部屋には、女王と幸之助夫妻、案内役のフィリップス社社長オッテン、通訳の松下電器外国部部長スクリーバがいるだけである。女王は自ら紅茶を入れ、夫妻を歓待した。女王の気さくで温かいもてなしに、夫妻はすっかり感激、40分間がまたたく間に過ぎていった。

女王との話の中で印象に残ったのはオランダの堤防のことである。夫妻はその堤防を見物し、狭い国土を最大限に活用しているオランダ人の知恵に触れる思いがした。

また提携先のフィリップス社を見学した際には、この会社が世界でも有数の大企業であることを改めて思った。小さな国オランダに魅力を感じつつ、6月23日、夫妻は帰国した。

突如、社長退任を発表

○1961（昭和36）年▼66歳

1961（昭和36）年1月の経営方針発表会で、発表を終え、壇を降りた幸之助は、まだ拍手の鳴りやまないうちに、再び登壇した。

幸之助は、年令的に1つの節を迎えたと述懐し、こう語った。

「昨年は、皆さんのご協力を得て5ヵ年計画も無事に終了し、私もちょうど満65歳のいっぱいを勤めることができました。私はかねてから適当な時期に社長を退かねばならないと思い、数え年50歳の時に陽洲という号を用意して引退しようと考えましたが、時あたかも戦時中で実行できず、戦後困難な時期にも責任上引退できないままに、昭和26年から再建に取りかかりました。それから10年、今日この盛況を見ることができたのは、まことにうれしい限りです。そこで、いろいろ考えた末に、この際社長を退き、会長として後方から経営を見守っていきたいと思います。私が引退しても、経営は十分にやっていけると思います。これを転機に、新たな構想のもとに活動していってください」

全く予期せぬ社長退任の弁である。会場は一瞬どよめき、そして静かになった。この突然の発表は、全員に大きな転機を自覚させ、新たな決意を促すものとなった。

この時、新社長に松下正治副社長が就任、松下電器は新しい時代へと踏み出したのである。

私利私欲には、真正面からぶつかっていく

社長をなかなか引退できない経営者のことが、ときどき話題になることがあります。もちろん、理由はさまざまにあるのだと思いますが、社長というポジションが大きな魅力のあるものであることは間違いないでしょう。

そのポジションを、あっさりと降りてしまったのが、幸之助でした。またしても、世の中か

ら拍手喝采されたのでは、と想像します。

幸之助が「素直さ」を大事にした理由の一つには、人間には私利私欲が潜んでいて、素直になればそのことに気付ける、と考えていたことがあげられます。だからこそ私利私欲を心から消し去ることの難しさに幸之助は気づいていました。

晩年になってすら、「自分は私利私欲を打ち砕き続けている」と語ったそうです。どうしたって私利私欲は出てきてしまう。打ち勝つには、その私利私欲を見つめ、真正面からぶつかっていくしかない。戦っていくしかないのです。

では、なぜ私利私欲は危険なのか。

判断を誤らせるからです。

リーダーとして、常に行わなければいけないのは、私心のない判断です。

「これは世の中のためになるか、ならないか」

もし、幸之助が松下電器の成長発展の過程で、私利私欲にまみれた経営判断をしていたら、会社はどうなっていたでしょうか。

まさに「これは世の中のためになるか、ならないか」という判断を貫いたからこそ、松下電器の繁栄はあった。多くの人からの応援が得られた。尊敬もされたのです。

幸之助は、自分の中に私利私欲が潜んでいることに気づいていました。だから、素直に自分と向き合った。「自己観照《じこかんしょう》」という幸之助の言葉が残っています。自分をいったん外に出してみて、客観的に見つめてみる、ということです。

私利私欲と真正面から向き合い、戦わなければならないのは、誰でも同じです。私利私欲にまみれた人が尊敬を受けるはずがありません。

しかし、多くの人が、自分の中に私利私欲が潜んでいることに気づいてすらいません。まずは気づかなければいけないのです。そして、常に戦わなければいけないのです。

従業員の福祉基金に私財2億円を寄贈

◯1961（昭和36）年▼66歳

1961（昭和36）年3月7日、幸之助は従業員の永年にわたる協力に感謝し、私財2億円を寄贈すると発表した。

「私は過去43年間にわたる長い間、皆さんの常に変わらぬご協力をいただき、このほど無事に社長の務めを終えることができました。この際、お礼の意味で何か記念品を差し上げたいと思い、いろいろ考えた末に、福祉基金をお贈りすることにしました。皆さんがよく協議して、この基金を有効に使っていただけるなら、これに勝る喜びはありません」

3月7日は、幸之助がソケット製造に着手した松下電器創業の意義深い日に当たり、全員はこの発表に深い感銘を受けた。

この福祉基金2億円は、この年7月10日、幸之助から松下正治社長に贈呈された。その後、幸之助の意向にそって、末長く有効に活用するための具体策が検討され、1963(昭和38)年5月、「松下会長頌徳《しょうとく》福《ふく》祉会《しかい》」が発足した。

この会の運営により、従業員の子女の育英補助、結婚祝い、遺族育英制度などの福祉事業がきめ細かに行われた。なお、同会の名称は、1975(昭和50)年5月の創業記念日に「松下幸之助頌徳福祉会」と改められた。

本社新社屋が竣工

松下電器は「5ヵ年計画」を達成し、業容拡大期を迎えた。その中で本社社屋の狭さが痛感されるようになり、1960(昭和35)年に、新本社の建設に着手、1961(昭和36)

PHP研究を再開

年7月に完成し、移転を無事にすませた。

本館、第1別館、第2別館からなる新本社は、前に国道1号線（京阪国道）が走っていた。

松下電器の本社は、1918（大正7）年の創業以来、5度の変遷を重ねてきたが、常に電器メーカーとしての役割を重視、まず工場設備及び販売部門の拡充を主眼に考え、それにともなって本社社屋の建設を進めてきた。

その結果、工場、販売部門は目覚ましい発展を遂げてきたが、本社は常に後回しになった。それだけに、今回の新本社は、躍進する松下電器を象徴するにふさわしい偉容を誇るものとなり、従業員の喜びも格別なものがあった。

こうした中で、8月1日、修祓式《しゅうばつしき》（完成した建物の安全を祈願すること）が行われた。幸之助はこう戒め、これまで以上の力を結集するよう、全員に呼びかけた。

「世間の例をみると、立派な事務所をつくったり、店舗を張ることによって、ますます伸びるところもあるが、往々にして経営が悪化するところが多い。この道理は小さい店舗も大きい会社も変わりはない」

幸之助は、1950（昭和25）年に経営再建に専念するようになって、やむなくPHP研究を中断したものの、いつかは研究を再開したいとの願望を抱き続けていた。そして、1961（昭和36）年1月、社長を退任し、会長に就任したのを機に、研究再開の準備を始めた。

たまたま前年末に、京都東山山麓の景勝の地に得ていた庵を「真々庵《しんしんあん》」と名づけ、ここをPHP研究の場とすることにして、8月18日、ささやかな開所式を挙行、10人足らずの研究所員とともに研究を再開した。

1950（昭和25）年以来、PHP誌の編集のみを続けてきた研究所の活動に、再びPHP研究が加わることになったのである。

その後、1967（昭和42）年11月に、PHP研究所の新ビルを京都駅南口前に建設、研究の本拠を移した。その後も、真々庵は思索の場として活用されていたが、1980（昭和55）年に、数少ない日本庭園の保存への思いを込めて建物を改築し、新たに「松下美術苑　真々庵」として開苑、庭園を末長く保存することにした。

「所得倍増の二日酔い」を発表

岩戸景気と呼ばれる好況の中で、繁栄を謳歌する日本経済も、1961（昭和36）年末には陰りが見え始めた。1月の社長退任のあいさつに先立つ、経営方針発表会で、「膨張しては引き締めてやっていくところに堅実な発展が約束される」と指摘した幸之助は、この変化に、強い懸念を抱くようになった。

池田内閣は、1960（昭和35）年12月に閣議で「国民所得倍増計画」を決定、相変わらず高度成長路線を歩んでいた。一般社会にも高度成長に慣れ、何ら不安を感じないという風潮が広がっていた。

そこで幸之助は、「文芸春秋」誌12月号で「所得倍増の二日酔い」という一文を発表し、こう警告した。

「日本経済が戦後16年間でこれだけの発展をして来たのは、他力によるものである。それを自力でやってきたかのように錯覚したために、今日の経済の行き詰まりが急速に起こってきたと思う。所得倍増もいいが、その言葉に酔って甘い考えをもってはならない。1つのことを行うに当たっては、その基礎には国民の精神を高める呼びかけがなければならない」

この文は第21回文芸春秋読者賞を受賞した。

利益がないというのは、役立っていない証拠

幸之助はこの後、新聞広告などでも自らの意見を署名入りで発信、大きな話題となっていきます。

1960（昭和35）年、日本に貿易自由化の波が押し寄せた時代、まだ自由化は早いという声もあった中で、幸之助は「実は熟した」と題した意見広告を出しました。

翌年には、「アイデァ日本」と題した正月の広告で、国際競争に打ち勝つための日本のあり方を提言しました。もう基礎はできた、日本に足りないのは、すぐれたアイデアだ、と。

そして1965（昭和40）年に出したのが、「儲ける」というタイトルの新聞広告です。「この大事なことをもう一度、真剣に考えてみましょう」というサブタイトルがついています。

当時、日本の家電業界は苦しい状況にありました。幸之助は新しい販売制度を導入するのですが、その決意表明とも言えるメッセージでした。幸之助の「社会の公器」というものに対する考え方をよく表しています。

ヒト・モノ・カネをはじめとする経営資源は、いずれも社会からの預かりもの。企業はそれらを正しく有効に用いて、適正な利潤としての「儲け」をあげなければいけない。儲けてこそ、税や株式配当、あるいは社員の福祉向上を通じて、富を社会に還元できる。ここに「社会の公器」たる企業の本分がある、と。

衆知を集めて「預かりもの」をフルに活用し、役立つ製品やサービスを作り出し、それを顧客に届ける。その貢献の代償、報酬としていただくのが、利益であるということです。利益がないというのは、役立っていない証拠。罪悪だと言っているのです。

だから、適正に儲けよう、と幸之助は改めてメッセージしたのでした。安ければいいというものではなく、適正ないいものには対価が与えられ、適正な利益を得たものがさらに良い社会を作っていく。

コロナ禍後、ようやく物やサービスの値段が上がり始めることになりはしましたが、30年にも渡ってデフレに苦しんだ日本で、改めて噛み締めたいメッセージではないでしょうか。

タイム誌で紹介される

○1962(昭和37)年▼67歳

高度成長を遂げた日本に、世界の目が注がれる中で、それを支える日本企業への関心も次第に高まった。

中でも飛躍的な発展を続ける松下電器の名は、海外でもよく知られるようになり、昭和30年代には、世界的に著名な新聞や雑誌の取材を受けるようになった。

1962(昭和37)年には、アメリカのタイム誌の2月23日号において、表紙絵と5ページにわたる記事で、幸之助の経歴、思想及び松下電器の発展の姿が詳しく紹介された。

「経営指導料」について発表

○1963(昭和38)年▼68歳

世界の超一流企業フィリップス社との提携により発足した松下電子工業の躍進ぶりは、年がたつにつれて、評価が高まった。

しかし、この会社の発足に当たり、幸之助が「経営にも価値がある」との信念から、フィリップス社の技術指導料に対して、経営指導料を要求し、フィリップス社の了解を取りつけたいきさつは、一般にはあまり知られていなかった。

当時、貿易為替の自由化の推進とともに、資本の自由化も取りざだされるようになり、日本経済は本格的な開放経済体制へと移行する情勢となった。幸之助は、他力本願の日本経済は今や〝経済国難〞ともいうべき難局に直面しているとの認識を強めていた。

たまたま１９６３（昭和38）年２月に、和歌山県の白浜で開かれた第１回関西財界セミナーで講演をした幸之助は、この「経営指導料」を得たいきさつを紹介した後、「経営価値というものをもっと自覚することにより、お互いに経営者としての尊厳を高める必要がある。その上で、他力によらず自力によってこの難局を切り抜けなければならない」と経営の衝に当たるものの心構えを説いた。

中央研究所の新社屋が竣工

松下電器における研究体制の本格的な取り組みは、１９５２（昭和27）年にさかのぼる。

この年の初めての訪米で、日本の技術の遅れを痛感した幸之助は、翌年１月の経営方針発表会で、総合研究所設置の計画を明らかにし、こう語った。

「この研究所は、当初から大きな規模を考えることはせず、逐次堅実に育てて、やがて10年先、20年先、また100年先に、真に国家、社会の公器として力強く役目を果たしていくものにしたい」

1953（昭和28）年5月、中央研究所を建設した。

さらに、翌年1月の経営方針発表会で、「中央研究所と個々の研究部門とが協調するところに、技術の進歩がある」と説き、総合と専門の2つの機能が車の両輪のごとくかみ合って進む研究体制のあり方を示唆した。

1960（昭和35）年には、「中央研究所のほかにも、必要に応じて専門研究所をつくりたい」と発表、東京研究所、照明研究所などの専門研究所を設置する一方、中央研究所の拡充をも志し、1963（昭和38）年5月、その第1期工事を完了した。

この中央研究所は1968（昭和43）年1月までにほぼ完成、「技術の松下」の中枢として、次々と世界的な新製品・新技術を生み出した。

NHKで池田総理と対談

1961（昭和36）年末、「文芸春秋」誌上で、池田内閣が進めていた所得倍増計画に警鐘を鳴らした幸之助は、1963（昭和38）年8月29日、NHKの特別番組「総理と語る」で、池田勇人総理と対談する機会に恵まれた。この番組は、テレビとラジオで、午後7時半から1時間にわたって放送された。

対談は、幸之助の「庶民の立場でお話し願いたい」との言葉で始まり、物価問題、道徳問題、人づくり、政治の生産性などの、当面している課題が話し合われた。

その中で幸之助は、衣食足りて礼節乱れるような昨今の社会情勢に触れて、物の豊かさの追求ばかりではなく、精神的な教育の必要性を強調した。

また、人づくりは国家の将来にとって欠かせないが、そのためには、国として理想の人間像をもつべきであると提言した。

この番組で、国民の1人として率直に意見を述べる幸之助に対して、池田総理も終始なごやかに所信を述べ、視聴者に感銘を与えた。

社会のリーダーが、いかに重要な存在か

時の総理大臣に対して、精神的な教育の必要性や人づくりについて語ったのが、幸之助でした。幸之助の生涯は、人づくりの生涯でもあった、と語る人は少なくありません。「店員養成所」をいち早く立ち上げたことも、その表れです。

また、松下電器が短期間で成長発展することができた理由として、社内に数多の人材が育っていたことを指摘しておかなければなりません。しっかりとした人づくりができていたからこそ、組織は大きくなることができたのです。

さらに、複数回のアメリカ出張で幸之助が垣間見たのは、社会のリーダーの重要性でした。中でも、強力なリーダーシップでアメリカを牽引したジョン・F・ケネディ大統領に強い関心を示し、政界におけるリーダーの育成に関心を持つようになります。

これがのちに、松下政経塾の開設に影響を与えたのではないでしょうか。

海外から賓客が来訪

○1955（昭和30）年代後半〜

松下電器の躍進ぶりが海外にも知られ、幸之助の名声が高まるにつれて、外国からの賓客が目立って増えた。

1955（昭和30）年代後半になって、ソ連のミコヤン第1副首相、カナダのジーフェンベーカー首相ご夫妻、アメリカのケネディ司法長官ご夫妻、オランダのベアトリックス王女、タイのプミポン国王、ユーゴスラビアのチトー大統領ご夫妻、インドのガンジー首相、チェコスロバキアのスボボダ大統領ご夫妻など多くの元首や代表的な政治家、経済人、文化人の来訪を受けた。

幸之助は、これらの人々のご案内役を自ら務め、親しく懇談した。そのときのエピソードは尽きないが、1961（昭和36）年8月18日に訪れたソ連のミコヤン第1副首相との懇談の際には、幸之助は「あなたは人民を解放されたが、私は家庭電化製品をつくって、家庭婦人を解放した」と述べ、ミコヤンを感心させた。

1962（昭和37）年2月7日に訪れた米国のケネディ司法長官は、工場を見学中にも、従業員に気楽に話しかけるなど、英明さとともに若々しさが人気を呼んだ。

後年、兄のケネディ大統領に続き、不幸な最期を遂げた人であるが、「日本とアメリカは立派な民主主義の国だから、意見の相違があっても、話し合えば必ず解決できる」という言葉は印象に残った。

CIOS主催の国際経営会議で講演

◯1963（昭和38）年

1963（昭和38）年には、国際経営科学委員会（CIOS）主催の第13回国際経営会議に講師（ゲスト・スピーカー）として招かれた。

この会議は3年ごとに開かれるもので、今回はニューヨークのヒルトンホテルで9月16日から5日間、世界59ヵ国から学者、実業人など約3000人が参加して開催された。

幸之助は、17日から17の専門テーマごとに開かれた分科会のうち、第5分科会において「私の経営哲学」と題し、講演した。

その中で「適切な経営者が国を経営する場合には、その国が繁栄し、国民が幸福になる」と説き、「経営者は自己評価ができることが必要である。そのために、正しい経営理念を持たねばならないが、それには正しい人生観に立ち、かつ社会観、国家観、世界観、そして自然の摂理までも同時に勘案することが大切である」と強調した。

その中で「過当競争は罪悪であり、除去すべきである」と述べたところ、質疑応答の時に、出席者の1人が、「もし過当競争をなくすことができれば、私は日本に行って靴をぬいであなたにおじぎをする」と言い出した。

そこで、幸之助は「過当競争をしてはならないということをあなたがたが深く決心すれば、直ちになくなる」と応酬、会場はなごやかな雰囲気に包まれた。

大阪駅前陸橋の寄贈を発表

○1964（昭和39）年▼69歳

日本経済の急速な発展による弊害が次第に目につき始めた。東京、大阪は年々活況を呈するものの、人口の集中や交通事故が表面化し、都市問題はいよいよ深刻化の様相を呈した。

幸之助は、こうした問題の解決には、官民一体となった取り組みが必要であり、会社としてもできることがあれば、社会のお役に立ちたいと考えていた。

たまたま大阪府交通対策委員会で検討中だった、大阪でも指折りの交通の難所である大阪駅前東交差点の交通混雑を緩和するための架橋計画が資金面で行き詰っていることを知り、１９６４（昭和39）年２月、この陸橋の寄贈を申し出た。

大阪市はこの申し出を高く評価し、幸之助の意向に沿い、さっそく陸橋建設に取りかかった。陸橋は10月に完成。24日、大阪市長と幸之助とのテープカットで、渡り初め式が挙行された。

この歩道橋は、大阪駅前広場と阪急、阪神両百貨店をL字型に結ぶ、当時としては日本最大のもので、大阪市の交通安全対策に大きな役割を果たすものとなった。

社会の宝物に対して、できることをする

幸之助はたくさんの寄付をしていますが、その一つに世界に知られる場所があります。そしてそこには今も松下電器という文字が多くの人に飛び込んできます。浅草の雷門です。あの大

きな赤い提灯の下に「松下電器」「松下幸之助」の名前が刻まれているのです。

提灯のみならず、門そのものが幸之助の寄進だそうです。雷門は歴史上、幾度も火事で焼け落ちています。最後に焼け落ちたのが明治維新の少し前でした。ところがその後、再建されていなかったのです。

雷門という名前があるのに、肝心の門がない時代が長く続きました。そして1950年代になって、浅草寺の住職が幸之助に雷門の再建を願い出たのです。

「わかりました。では、寄進させていただきます」

こうして1960（昭和35）年に完成したのが、今の雷門です。世界中から観光客が訪れる、東京の、いや日本の名所の一つ。

雷門に行く機会があれば、ぜひ確かめてみてください。提灯の下に「寄進　松下幸之助」と記されています。

販売会社社長懇談会を開催

○1964（昭和39）年▼69歳

日本経済はオリンピック景気に支えられて、なお高度成長を維持するかにみえた。ところが、1963（昭和38）年末に至り、過熱ぎみの景気を抑えるために、金融引き締めが強化され、急速な転換を迫られた。

もともと借金中心で拡張を続けてきた経済界は、過剰設備の重荷に苦しみ、深刻な反省期を迎えたのである。

電機業界は、その上に主力製品の普及一巡による需要の停滞が加わり、販売不振のために市場競争が激化し、業界の混乱、販売会社の経営悪化が目立ち始めた。

この事態を憂慮した幸之助は、1964（昭和39）年7月9日から3日間、熱海のニューフジヤホテルで、全国販売会社代理店社長懇談会（熱海会談）を開催した。

この時、幸之助は延べ13時間壇上に立ち、販売会社、代理店の社長から出される苦情や要望に耳を傾けた。聞いてみると、順調に収益を上げているのは、170社のうちわずか20数社という状況であった。幸之助は非常なショックを受けたものの、一面かすかな希望も抱いた。そこで、こう呼びかけた。

「病気は早期に発見し、治療に努めることが大切です。この会議は共同診断のようなものです。ここでお互いに診察し合い、健康体の方からは、その秘訣を発表してもらって参考にし、そうでない方は、お互いに気づいた治療法を話し合い、この会議を実りあるものにしたい」

「共存共栄」の色紙を贈呈

熱海での会議は白熱化した。販売会社、代理店の社長からは、経営悪化の実態があからさまに吐露され、苦情や要望が盛んに寄せられた。壇上で、幸之助は、それらを一言も聞きもらすまいと耳を傾け、また、腹蔵のない意見を述べた。

激しい議論が闘わされたが、何らの結論も得ぬままに、最終日の7月11日となった。しかし、苦情はなお続きそうな気配である。

そのうちに幸之助は、昔、電球を発売し、「横綱にして下さい」と無理を承知で頼んだことを思い出し、万感が胸に迫った。

そこで「2日間十分言い合ったのだから、もう理屈を言うのはやめましょう。よくよく反省してみると、結局は松下電器が悪かった、この一言に尽きます。これからは心を入れ替えて出直しますので、どうか協力して下さい」と祈るように訴え、絶句した。

見ると、幸之助がハンカチで涙をふいている。思わず全員がもらい泣きし、会場は一転して粛然となった。

会談は感涙とともに幕を閉じた。閉会に当たり、幸之助は、1枚ずつ思いをこめて揮毫した「共存共栄」の色紙を社長1人ひとりに差し上げた。

その後、幸之助は病気療養中であった営業本部長の職務を代行し、不況克服に全力を傾注。1965(昭和40)年2月には、「新販売制度」を実施。その内容は、①販売会社の整備強化、②事業部との直取引制度、③新月販制度などの画期的な制度であった。

「責任は自分たちにある」と言えるか

戦後の繁栄が進み、大型の家電製品の普及が一巡したにもかかわらず、メーカー各社はブームの頃と同じようなペースで商品をマーケットに投入し続けてしまったのが、このときです。

松下電器でも、日本全国で販売会社や代理店の経営が赤字に転落してしまいました。

当時、幸之助はすでに会長という立場に退いていましたが、危機的状況を迎え、経営の最前線に復帰します。そして、全国の販売会社、代理店の社長を招待し、3日間連続の懇談会を開催したのでした。

　1日目、2日目は激しい意見の応酬が続きました。お互いを非難するばかり。ところが3日目、幸之助は「責任は松下電器にある」と言い出します。

　これは相当な荒療治が必要であると気づいた幸之助は、流通の責任や販売会社、代理店の社長の心を一つにしなければいけないと考えたのでした。

　そこで、2日目まではとにかく意見を言ってもらい、3日目で松下電器が悪かった、全力で改革に挑むと言って、心を一つにまとめていったのです。非難で埋め尽くされた会場は、幸之助ならではの心をつかむやり方に、まさに一致団結したのでした。

　その後、自ら営業本部長代行に就任、流通改革を牽引して、新しい販売制度を軌道に乗せていきます。後に熱海会談は、社内で伝説として語り継がれていくことになりました。

ライフ誌で紹介される

　1964（昭和39）年10月10日から開催予定の東京オリンピックは、この年最大の国民的関心事であり、日本は世界からも注目されていた。

アメリカのライフ誌は、その直前の9月11日号で日本特集を組み、その中で「MEET MR. MATSUSHITA」（ミスター松下に会いましょう）と題する記事を掲載した。

その第1ページは、「最高の産業人、最高所得者、思想家、雑誌発行者、ベストセラー著者」と5つのタイトルを冠せられた幸之助の写真で飾られていた。

次のページには「フォードとアルジャーの2人を1人で兼ねているパイオニア」の見出しがあり、その中には「松下氏は革命的な温情主義者である」との1節があった。

事業家としての側面と思索家としての側面が、自動車王フォードと19世紀に活躍したアメリカの牧師兼作家アルジャーになぞらえてみごとに浮き彫りにされていた。

続いて、幸之助の経歴をはじめとして、松下電器の経営理念、活動内容、PHP思想などが、豊富な写真とともに、8ページにわたり詳しく紹介されていた。

このライフ誌は、800万部発行されたとのことであり、これにより松下電器の知名度は国際的に一層高まった。

大型コンピュータ事業から撤退

昭和30年代に入り、新規技術の開発が活発に進められる中で、注目をされていたものに、大型コンピュータがある。

松下電器も、松下通信工業を中心に5年前から研究を重ねて、ようやく実用化の見通しをつけ、１９６４（昭和39）年には、オランダのフィリップス社と提携し、新会社を設立する計画を進めていた。

また、電機業界においても、松下電器を含めた7社がそれぞれ2億円を出し合い、日本電子計算機株式会社を設立し、高性能機種の共同開発に打ち込んでいた。

たまたま、この時期、幸之助はアメリカのチェース・マンハッタン銀行副頭取と懇談する機会があり、席上、この話が出た。その時、副頭取は「日本では7社でコンピュータをつくるというが、多過ぎないか」と指摘した。

前からこの分野への進出競争の過熱ぶりに一抹の懸念を抱いていた幸之助は、この言葉にヒントを得て、「総合メーカーが片手間にやるよりも、２、３の専門メーカーがやるほうが電算機事業の発展のためにもよい」と判断し、大型コンピュータ事業への進出計画を中止することを決定した。

「ダム経営」について発表

◯1965（昭和40）年▼70歳

大型倒産を引き起こし、「40年不況」と呼ばれた不況はますます深刻化の道をたどっていた。

こうした時期の1965（昭和40）年2月に、岡山県の倉敷国際ホテルで開かれた第3回関西財界セミナーで、幸之助は「ダム経営と適正経営」と題し、講演をした。

幸之助は、この不況の遠因が戦後の信用膨張、借金経営に求められるとして「もう戦後の非常時ではない。開放経済下の今日、欧米の企業のように余裕のある、安定経営を志すときである」と強調し、その方策の1つとして「ダム経営」について発表した。

ダム経営とは、最初から一定の余裕をもった経営のあり方であり、あたかもダムに入れた水を必要に応じて徐々に流していくように、たとえば、需要に変動があった場合、品物が足りなくなったり、余り過ぎたりしないように、余裕設備を動かしたり、休ませたりして、安定的な経営を進めるというもの。それは設備だけではなく、資金、人材、在庫についても同様である。

その中で、幸之助は「ダム経営は実行しがたいことに思えるが、お互いに適正利潤を確保しつつ安定経営を行って、社会の発展に寄与していくことが必要である。そのためには、これを断固としてやっていかねばならない」と提唱した。

本気で願わなければ、成せるものも成せない

ダム経営について、大きな影響を受けたという人物のエピソードが残されています。戦後を代表する起業家、稲盛和夫です。まだ京セラを立ち上げてまもない若い経営者だった頃、稲盛は幸之助の講演に参加したことがあります。

幸之助はダム経営について語りました。灌漑に備えてダムに水を溜めるように、不況に備えて会社にはお金を蓄えておかねばならない、と。

このとき、聴講者の一人が幸之助に質問をしました。

「ダム経営の大事さはわかった。しかし、我々中小企業の経営者は、それができなくて困っている。どうすればできるのか、教えてもらえないか」

同じように思った経営者は少なくなかったようです。すると幸之助は、ぼそっと次のように答えました。

「そう願わなあきまへんなぁ」

これでは答えになっていないのでは、と会場中に失笑が広がる中で、一人、この回答で体に電流が走った、という人物がいました。それが、稲盛でした。

本当に心の底からダム経営をしたいと願っているのか。本気でそう思っているなら、やり方など自然と見つかるものなのではないか。そんな幸之助の言葉の真意をとらえたのです。

筆者は稲盛について書かれた『熱くなれ　稲盛和夫　魂の瞬間』（稲盛ライブラリー＋講談社）の制作にブックライターとして参加していましたが、強く願う、は稲盛がとても大事にした経営哲学の一つでした。そして響く人には、メッセージは確実に響いたのです。

難しいかもしれない。しかし、本気で願わなければ、成せるものも成せないのです。そのことを、幸之助は教えてくれています。

週5日制を実施

◯1965（昭和40）年

5年前に発表された「週5日制」を実行すべき1965（昭和40）年となったが、前年来の不況の深刻化で楽観できない状態であった。松下電器は、画期的な新販売制度を発表、社運をかけてその推進に懸命の努力を続けていた。

松下電器が計画通り週5日制を実施するについては、社外はもちろん従業員も疑問視する向きが多かった。しかし、松下電器は、この年4月16日から、週5日制に踏み切った。

翌4月17日、幸之助は在阪幹部を本社講堂に集めて、

「2、3年前から警告してきた〝経済国難〟に、今直面している時に、われわれは週5日制を実施するのである。これは容易ならないことである。このことをよくわきまえて、先輩国のアメリカ以上に合理的経営を生み出す決意で臨んでいただきたい。そして、日本を一挙にアメリカに近づけるその先達を松下電器が担うのだという意気込みでやってほしい」

と訴え、全員の自覚と奮起を促した。

この週5日制は、その後「1日教養、1日休養」のスローガンのもとに急速に浸透し、従業員の勤労意欲と能率の向上に大きな役割を果たした。

早稲田大学の名誉法学博士に

1965(昭和40)年6月、幸之助は早稲田大学から社会の発展に貢献した功績が認められて、名誉法学博士の学位章を受けた。

授与式は、6月18日、同大学小野梓記念講堂で行われ、総長から学位章が贈られた。満9歳にして実業の世界に飛び込み、波乱の人生を送った幸之助にとって、この受章は、感慨ひとしおのものがあった。

その後、1971(昭和46)年9月に、慶応義塾大学から、文化の向上に多大の功績があったとして、名誉博士の学位章を、1975(昭和50)年5月には、同志社大学から、学識豊かで文化の発展に貢献した人として、名誉文化博士の学位章を贈られた。

「5年後に欧州を抜く賃金を」と発表

○1967（昭和42）年▼72歳

40年不況を越えて、日本経済は同年後半から戦後最長のいざなぎ景気へと移行し、いよいよ経済大国の道を歩み始めた。

しかし、好況が続くにつれて、社内の各層に再び過去の惰性で仕事をする姿が見られることを幸之助は憂慮した。そこで、1967（昭和42）年1月の経営方針発表会で、「多少の余裕のできた今こそ、日本国民は根本的に反省し、再出発をするときである」と警告し、同時に松下電器の進むべき道を示した。

このとき、理想を描いて進むことが大切であるとの信念から、1960（昭和35）年に「週5日制」の構想を発表し、実現した例に触れたあとで、「今後は5年先に、他との調和を失することなく、松下電器の経営および松下電器の賃金を、欧州を抜いてアメリカに近づけるようにもっていきたい」と提唱、「これは産業界にいい影響を与えると思う。松下がやれるならばわれわれもやろうということになり、いわば産業界に黎明《れいめい》をもたらすことにもなる」と全員の奮起を促した。

4年後の1971（昭和46）年に、松下電器の賃金は、欧州の中でも一番賃金が高いといわれる西ドイツと肩を並べ、5年後には欧州を抜きアメリカに近づくまでになった。

リーダーは、夢を絶やしてはいけない

戦後間もない頃の、「売上高を4倍にする」5ヵ年目標しかり。1960（昭和35）年の「5年後に週休2日制にする」という目標しかり。そして、週休2日が達成できると、今度は「5年後に欧州を抜く賃金」を宣言します。

大きな目標を乗り越えたら、すぐに新しい目標を従業員に示す。それが、幸之助でした。言い方を変えれば、夢を絶やさなかった。常に、新しい夢を見せたのです。これもまた、幸之助一流の従業員との向き合い方でした。

そして、従業員もそれに応えて努力に努力を重ねるのです。戦後、日本経済はどん底まで落ちていきましたが、なんと30年足らずで欧州と肩を並べるまでになりました。考えてみれば、

とんでもない目標を実現させているのです。

「松下電器歴史館」が開館

〇１９６８（昭和43）年▼73歳

１９６８（昭和43）年は、日本にとっても、松下電器にとっても、歴史的な記念すべき年となった。日本は、明治１００年を迎え、いざなぎ景気のただ中にあって、ついにGNPで世界第２位の地位を築いた。また松下電器は、創業50周年という意義深い年を迎えたのである。

こうした背景を踏まえて、１月の経営方針発表会で、幸之助は、１００年前の明治維新を想起しつつ、「松下電器は創業50周年にして、日本一の優良会社になった。その力をもって、われわれは昭和維新、世界維新の志士としての役割を果たそう」と述べ、新時代を迎えた松下電器の使命を明らかにした。

この年、各種の記念行事が行われたが、その２つとして、３月７日に、「松下電器歴史館」が完成し、開館した。

思えば、50年前のこの日、幸之助はわずか３人で松下電気器具製作所を創立したのである。その当時の家の一部が内部に復元されている。外観は門真移転当時の本店の姿で再現された。

内部には、幸之助の生誕からこの日までの松下電器の歩みが詳しく紹介されている。この歴史館は、松下電器の歴史を知り、伝統精神を学び、明日に思いを馳せることのできる場所として、社内外の多くの人々に親しまれている。

創業50周年記念式典を挙行

1968（昭和43）年5月、創業50周年を記念して、4日の事業場式典に続き、5日には、枚方の松下電器体育館で中央式典が、18日には、東京の日本武道館で「関東記念のつどい」が挙行された。

式典で幸之助は、50年の歩みを回想し、従業員に心から感謝を述べたあと、こう訴えた。

「過去の50年は、人間に例えるならば母の胎内に入っていて今日ようやく産声《うぶごえ》をあげたと申していいと思う。これからほんとうの活動が始まるのである。これだけの人を擁し、これだけの資本を擁して活動していく限りは、ここに新しい1つの経営体を生み出し、世界の繁栄に寄与するということにならなければならない。50周年記念に際して、今こそそういう決意をすべきときではないかと思う」

こうした社内行事と並行して、一般の恩顧者やお得意先の方々の永年にわたるご支援、ご協力に感謝するため、盛大に謝恩行事が繰り広げられた。

なかでも、「店会謝恩会」は北から南まで全国14会場で行われたが、満73歳の幸之助は、全会場に元気な姿を見せ、壇上から数歩前に進み出て、万感の思いを込め、深々と頭を下げ、参会者に長年のご愛顧を深謝した。

「児童の交通等災害防止対策資金」を寄贈

幸之助は、かねてから50年もの間、松下電器を支持し、引き立てて下さった社会の人々に深く感謝したい気持ちをもっていた。

いろいろ考えた末に、社会の発展向上にいささかなりともお役に立ちたいと念願し、創業50周年記念行事の一環として、５月４日、総額50億円の「児童の交通等災害防止対策資金」の寄贈を発表した。

この当時、交通事故は増加の一途をたどり、とくに児童の死傷者、交通遺児が激増し、国および地方自治体はその事故防止対策に苦慮していた。

こうした時に、松下電器が、児童の交通等災害防止のために、毎年3億円以上、通算15年間にわたって、総額50億円を全国46都道府県と6政令指定都市に寄贈することを明らかにしたのである。

加えて、沖縄にも同趣旨の資金として5万ドルをこの年一度に贈呈した。

この発表は、翌日の5月5日の新聞で「子どもの日にデッカイ贈物」と全国に報じられ、明るいニュースとして話題を呼んだ。

この資金は、各地で児童の交通意識を高めるための交通公園づくりなどに活用された。

事業を通じて、社会課題を解決する

当時、交通事故のあまりの多さに「交通戦争」という言葉が使われました。交通事故の死者が、累計で日清戦争の戦死者を超えるような事態が起きていたのです。

幸之助は事業を通じて社会に貢献することを考えていたわけですが、一方で社会課題にも強い関心を持っていました。そこで、寄付活動を積極的に行っていきます。CSR（企業の社会的責任）などという言葉が生まれる数十年も前のことです。

1964（昭和39）年にできた大阪駅前の「梅田新歩道橋」の建設を支援したことは先にも書いていますが、全国の自治体にも寄付活動を展開。その総額は50億円にものぼりました。各県から感謝状や、どんな取り組みに寄付を使ったか、多くの写真やレポートが寄せられました。

霊山顕彰会会長に就任

年初に「昭和維新の志士としての役割を果たそう」と説いた幸之助のところに、ある日、明治維新の志士たちの霊場修復の話が持ち込まれた。

京都・東山の霊山一帯には坂本龍馬や木戸孝允などの志士たち3115柱の霊が祀られていて、戦前は国費により祭祀や整備が行われていたのに、戦後は心にかける人もなく、荒れたままに放置されているという。

この話を聞いて、幸之助は心を痛め、「このままに捨てておくのは、日本人の1人として申し訳ない。われわれは、先覚者の精神に学び、明日のより良き日本を築いていく資とすることこそ大切ではないか」との思いが強く起こった。

そこで、幸之助は有志に呼びかけ、相協力して、１９６８（昭和43）年7月、「霊山顕彰会」を設立、推されてその初代会長に就任した。

同会は、発足以来、広く全国から会員を募り、賛助を求める一方、直ちに霊場の修復整備に着手、史蹟公園「維新の道」を完成し、１９７０（昭和45）年10月に「霊山歴史館」を竣工、開館した。

同会の活動が広く世に知られるにつれて評価も高まり、１９７５（昭和50）年12月には、財団法人として熟す。１９７６（昭和51）年1月には、歴史館が博物館法による博物館として登録されるに至った。

「科学と工業の先覚者」の銅像が完成

先覚者の精神を継承し、今日に生かしたいという幸之助の願いは、１９６８（昭和43）年に設置された「科学と工業の先覚者」の銅像にも強く込められた。

幸之助は、かつて電球を発売した当時、エジソン翁が京都府下・八幡の「日本の竹」から炭素フィラメントをつくり白熱電球を発明した話を耳にし、自室にエジソン翁の写真を掲げてひたすら仕事に励んだことを、懐かしく思い出した。

こうした先覚者の偉業をたたえ、若い世代の指針にすることもまた意義深いことだと銅像設置を思い立ったのである。

電球を手にしたエジソン翁の立像を中心に、国内外から選ばれた「科学と工業の先覚者」11人の像は、12月4日、中央研究所の前庭に完成。関係者を迎え、除幕式が行われた。

幸之助は、この銅像の完成に際し、こう訴えた。

「これらの銅像の建立を1つの契機として、私たちは幾多の先覚者が残された、汲めども尽きぬ無限の功績に、尊敬と感謝の念をささげるとともに、朝夕その遺風に接し、それぞれの立場から新たにわき起こる発奮と努力をもって先覚者にあやからせていただき、世界に誇れるより進歩した技術開発に打ち込んでゆかねばならない」

小さな失敗は叱っても、大きな失敗は叱らない

1968（昭和43）年の創業50周年時には、松下電器の人事本部から書籍『繁栄のための人材育成を』が刊行されています。「物をつくる前に人をつくる」との言葉にあるように、幸之助は「事業は人にあり」の信念に立ち、人材育成に力を注ぎました。

幸之助が目指した人材育成とは、自分が携わる仕事の意義、社会に貢献するという会社の使命をよく自覚し、自主性と責任感旺盛な人材を育成することでした。

採用方針としては「ふさわしい人を求める」「人材構成のバランスをとる」を重視しました。また、人材育成の考え方として「長所を伸ばす」「抜擢するときは60％の可能性」「信賞必罰は繁栄につながる」「自己の適性を見極める」「一人ひとりが自主経営力を培おう」「チームワーク」「働き方の工夫」「叱られることの大切さ」「指導者の自覚」「自由闊達な気風を失うな」「率先垂範と部下の自主的創意」「愉快に働いておられるか」といった言葉を残しています。

小さな失敗には小言を言ったりすることもあった幸之助でしたが、大きな失敗は叱りませんでした。むしろ、慰め、励ました。実際、大きな失敗をして怒られると思ったら、まったくそ

んなことはなかった、という経験をした社員がたくさんいるそうです。
これもまた、思い切ったことに取り組む風土を作っていった要因だったのだと思います。

「過疎地に工場建設を」と発表

昭和40年代の高度成長により、日本は自由世界の中でＧＮＰ第２位の地位になったが、反面、新たな問題が起こった。その１つが過疎過密の問題である。地方からの人口流出、都市部への人口集中は進み、国も地方自治体もその対応に頭を悩ませていた。

早くから「バランスのある姿こそが真の発展にとって重要である」との信念をもっていた幸之助は、地方へ行くたびに、その現実に触れ、心を痛めた。

１９６８（昭和43）年10月に高知県を訪れた際にも、地元の人々から、過疎化の不安を強く訴えられて、「過疎問題は政府が取り組むべきものであるが、民間企業としても、この問題の解決にできるだけ協力すべきである」と思うに至った。

そこで、１９６８（昭和43）年12月、「現在の日本の実状を思えば、一時的に多少利益が少なくなっても、企業としては過疎に悩む地方に工場を建設するのも大切である」と述べ、最も人口減少の激しい鹿児島県への工場建設を発表した。
これに対して地元から感謝の電報が寄せられる一方、マスコミにも朗報と報じられた。

地域への貢献と社会課題の解決

昭和40年代、幸之助が米子に講演に行った際、そこに泊まった旅館の女中さんから「なんとかしてください」と頼まれたという有名な話もあるそうです。日本の繁栄が進む一方、過疎の進展が日本の社会課題になっていました。その課題の一助になろうということで、過疎地での工場建設を1968（昭和43）年に幸之助は発表します。

そして有言実行、47都道府県のうち、42に工場を展開しました。地域への貢献もまた、幸之助が強く意識したことでした。

万博松下館の開館式を挙行

○1970（昭和45）年▼75歳

日本万国博覧会が、大阪府吹田市の千里丘陵で「人類の進歩と調和」の統一テーマのもとに開催されることに決まった。

松下電器も、1966（昭和41）年9月に万国博対策委員会を設置、出展計画を検討し始めた。出展物を思案中の幸之助は、ある日、建築家の吉田五十八が設計した奈良の中宮寺の御堂の写真を見て、はたと思いついた。これが契機となり、幸之助の構想による出展計画が決まり、1968（昭和43）年10月、日本万国博協会と出展契約を結んだ。

それは「伝統と開発　5000年後の人びとに」のテーマのもとに、吉田の設計監理による「松下館」を出展、前棟には毎日新聞社との共催事業、5000年後の未来に伝える「タイム・カプセルEXPO'70」を展示、後棟にはお茶室を設けて訪れる人々に日本の良さを味わってもらおうというもの。

松下館は、1970（昭和45）年2月25日に完成、開館式が行われ、その端正な姿を現した。天平時代の建築様式を取り入れた堂宇2棟からなり、周囲を約1万本の孟宗竹に囲まれて、池水に浮んだその姿は、前衛建築が競い合う中で日本的な美しさを際立たせた。
3月15日から9月13日までの会期中に、世界各国から数多くの賓客が訪れ、入場者は約760万人におよび、全パビリオンの中でもトップクラスの人気を博した。

英文版ＰＨＰ誌を創刊

昭和40年代に入り、日本は高度成長を続けていたものの、社会活動の各面にひずみが露呈し始めた。とくに、物と心のアンバランスの問題は、物心一如の繁栄を願うＰＨＰの理想と相反するものである。幸之助は心を痛め、もっとＰＨＰの思想を普及させなければならないと決心した。

そこで、１９６７（昭和42）年7月の夏季経営懇談会で、「今後はＰＨＰの研究に本格的に取り組みたい」と述べたあと、こう決意を語り、全員に理解を求めた。

「日本の社会だけでなく、欧米の社会のあり方についても、さらに良い道があるのではないかと、真剣に考え直さねばならないときがきていると思う。したがって、欧米にも、ＰＨＰ誌を出し、ＰＨＰの願いを普及させていきたい。必ずや共鳴を得ると確信する。そうして、ほんとうの世界の繁栄のために何らかのお役に立ちたい」
１９６９（昭和44）年３月、ＰＨＰ研究所に国際部を設置、１９７０（昭和45）年10月、英文版ＰＨＰ誌を創刊した。これは、国内版の翻訳ではなく、全く独自の構想のもとに編集された。

タイム・カプセルを埋設

○１９７１（昭和46）年▼76歳

松下館に展示し、人気を博した「タイム・カプセル EXPO'70」は、１９６７（昭和42）年５月に、毎日新聞社が企画し、松下電器に共同実施の申し入れがあったもの。

松下電器は、創業50周年の意義と照らし合わせ、これに賛同、１９６８（昭和43）年１月、両社はこの事業への着手を発表した。

その後、「タイム・カプセル EXPO'70」委員会が組織され、その委嘱により、物理学者の茅誠司《かやせいじ》（東京大学名誉教授）を委員長とする技術委員会、生化学者の赤堀四郎（大阪大学名誉教授）を委員長とする選定委員会などが組織され、この計画の積極的な推進が図られた。

この事業は、１９７０年当時の文化の記録を５０００年後の人類に残そうというもの。

そのために2098点の物品と記録が厳選され、当時最新の保存技術により、タイム・カプセルに収納された。

埋設されるカプセルは、2機。1号機は5000年間静置されるもので、2号機は西暦2000年に第1回目の開封を行い、点検後、再び埋設され、以後100年ごとに開封、再埋設を繰り返す。

埋設地は、幸之助の着想で、文化庁、大阪市の許可を得て大阪城公園に決定。1971(昭和46)年1月に埋設された。同年3月、完工式を挙行。以後このタイム・カプセルと地上部の付属施設は、文部省の管理下に置かれることになった。

飛鳥保存財団理事長に就任

当時、幸之助は、知人で東洋医学研究所を主宰していた御井敬三《みいけいぞう》から、「日本人の心のふるさと、飛鳥が開発の波に押されて、今や風前の灯になっている。今手を打たないと、日本人は後世に悔いを残す」と訴えられた。

御井は、目は見えないながら、絶えず飛鳥を訪れ、その風土を愛した人だけに、その訴えは切々たるものがあった。幸之助はその純粋さに感動し、この訴えを録音し、ある会合で当時の首相佐藤栄作に聞いてもらった。

これが契機になり、首相や政府閣僚が次々と飛鳥を訪れた。この間に「日本人の心のふるさと、飛鳥古京を守れ」との世論も高まり、12月、政府は閣議で「飛鳥保存対策」を決めた。

その後、官民一体の協力によって、1971(昭和46)年4月、財団法人飛鳥保存財団が発足し、幸之助はその理事長に選任された。財団の発足により、飛鳥総合案内所、研修宿泊所、国際の家などが次々と建設され、飛鳥保存対策は急速に前進した。

1972(昭和47)年3月には、高松塚古墳の調査中に極彩色の壁画が発見され、飛鳥は一躍脚光を浴びた。その後、この古墳は特別史跡に、壁画は国宝に指定された。この壁画についても、高松塚壁画館を設置するなど、財団を中心として保存対策が秩序よく進められ、飛鳥は「心のふるさと」として人々に親しまれる土地となった。

『人間を考える』を発刊

○1972(昭和47)年▼77歳

1946（昭和21）年にPHP研究所を創設して以来、幸之助はその活動を進める過程で、この世の中に真の繁栄・平和・幸福を実現していくには、お互い人間の本質を正しく究め、それに則してものごとを考えていくことこそ肝要であることに思い至った。

これまで人類が、常に繁栄・平和・幸福を求めながら、幾たびとなく争いを繰り返し、あるいは苦悩にあえぎ、貧困に陥りつつ、今日に至っているのは、結局お互いが人間の本質を的確に把握していないからではないかと考えたのである。

そこで、幸之助は、PHP研究の基本課題の1つとして、人間とはどういうものかの解明、つまり新しい人間観の確立を掲げ、20年以上にわたって衆知を集めつつ検討、研究を重ねてきた。1972（昭和47）年8月、そうした衆知の所産ともいうべき成果を『人間を考える――新しい人間観の提唱』として発刊した。

宇宙における生成発展の理法に始まり、万物の王者ともいうべき人間の天命の偉大さとその自覚実践の意義、さらに衆知を生かすことの大切さを説くこの書は、万国博を境に急速な転換を迫られて、混迷の度を加える世にあって、読者に感銘を与えた。

なお、同書は、1975（昭和50）年2月、「真の人間道を求めて」を収録し、『人間を考える』として再刊された。

会長を退任し、相談役に就任

○1973（昭和48）年▼78歳

1973（昭和48）年は創業55周年の意義深い年であった。1月の経営方針発表会で、幸之助は、「新生松下を建設しよう」と呼びかけた。

その幸之助が、7月19日の取締役会で、会長職を辞任、相談役に就任することになった。高橋荒太郎会長、松下正治社長の新体制を明らかにし、そのあとすぐに、本社で記者会見を行った。

その席上、幸之助は、

「私も数え年で80歳、今が潮時です。この55年間にやるべきことはやりました。今は〝われながらよくやった〟と自分で自分の頭をなでてやりたい心境です」

と淡々と語った。

この突然の発表は、国の内外に広く報道され、大きな話題を呼んだ。このとき、創業55周年並びに会長職引退を記念して、社会の人々のご支援に感謝するために、各都道府県に総額50億円の社会福祉対策資金を寄贈することも、あわせて発表した。

これは、従業員にとっても意外なことであった。記者会見後、本社講堂に幹部が招集され、発表された。幸之助は、6項目の要望事項を提示し、その主旨を切々と説いた。続いて、8月20日、枚方の松下電器体育館で、会長退任のあいさつ会を開催、このとき、幸之助は演壇から歩み出て、全員に向かい深く頭を下げ、謝意を表した。その真摯な姿に、会場は拍手に包まれた。

単に寄贈、寄付するだけでなく、行政と連携する

幸之助の会長退任は、大きく報じられました。同時に発表された社会福祉対策資金50億円にも触れられ、交通事故対策の寄付が思い出されて、「幸之助さん、また50億」とタイトルに打った新聞もありました。

ここでもまた、社会課題の解決に、利益を還元するという発想でした。ただ、交通事故対策の時もそうでしたが、幸之助は単に寄贈するだけ、というだけではありませんでした。それがどのように使われることになるのか、行政との連携を求めました。

ここでもまた、多くの資料が残されています。

【第7章】

社会の発展のために尽くしたい

——多くの人の幸せを願う生き方——

世の中の役に立つという思いで、生涯現役

66歳で突如、社長を退任。78歳では会長職も退任。しかし、事業の経営という仕事を離れても、幸之助は意気軒昂でした。それは、幸之助の生きる目的が単に会社の経営をするということにあったわけではなかったからだと思います。

幸之助が思い描いていたのは、世の中の役に立つことです。社会を少しでも良くしていくこと。その思いこそが、仕事を離れても生涯現役とも言える一生を作り上げたのではないでしょうか。

とりわけ政治は、かつて知人から「商売人が政治に手を出したらあかん」と戒められ、自分自身でも積極的な活動は控えてきましたが、相談役に退いて経営に一線を画して以来、日に日に、日本の将来を案じる気持ちが強くなっていくのを抑えることはできませんでした。

世界の繁栄の中心は、時代と共に移り変わっていました。来るべき21世紀は、アジアが世界の繁栄をリードする時代になる。そんな大局観を、幸之助は持っていました。そのとき、日本は中心的役割を果たすべき立場にあるのではないか。そうなれば、政治、経済、社会はもちろ

ん、日本は新しい世紀にふさわしい新しい国に生まれ変わる必要がある。

幸之助はそう切実に考えていました。案じるあまり、頭が冴えてきて一睡もできない日もあったそうです。こうして次々と著作を世に送り出すなど、さまざまな活動を行なっていくことになります。

幸之助が描いた日本が、今、果たして実現できているのか。私たちは、真剣に向き合う必要があります。

『崩れゆく日本をどう救うか』を発刊

○1974（昭和49）年▼79歳

1970（昭和45）年秋以来、曲がりなりにも高度経済成長を維持してきた日本は、1973（昭和48）年秋のオイルショックによって、一転、深刻な不況に陥り、政府も自治体も企業も国民も総赤字という一大難局に直面した。

そうした中で、幸之助は、1974（昭和49）年12月、『崩れゆく日本をどう救うか』という憂国の書を発刊した。

幸之助は、この書の第1部で、この危機の原因は戦後30年にわたる日本の歩みにあるとし、不信感の増大、民主主義のはき違え、国家経営の理念の欠如などを指摘したあと、第2部において、「大学半減論」を含む教育の抜本的改革と、「臨時物価安定法」「100兆円の経済安定国債の発行」などによる経済大発展策など、いくつかの「日本を救う道」を提示し、その早急な実施を提言した。

「今のままで手をこまねいていれば、お互いに破滅してしまうほかはない。何とかこの難局を切り抜けて、そこからより良い日本をつくり上げていかなければならない」という思いに基づき、これらの諸方策を大胆率直に提示したのである。

この画期的な提言の書は、60数万部のベストセラーになった。

松下労組の結成30周年記念式典に出席

◯1976（昭和51）年▼81歳

1976（昭和51）年は、松下電器労働組合の結成30周年に当たり、5月23日、松下休暇村「ユニトピアささ山」で記念行事が開催された。

この時、夫妻で招待された幸之助は、記念式典のあいさつで、休暇村に深い感銘を受けたと述べたあと、

「今日では労働組合の良識いかんによっては、国が傾き、国が発展することにもなると思う。それだけに、組合は、形なき真実の為政者、国家経営者としての責任意識をもって行動してほしい。今後日本はますます混迷の度を深めると思うが、われわれの手で日本のほんとうのあり方を見出すことに成功しなければならない」

と訴えた。

幸之助は、1946（昭和21）年の組合結成大会に進んで出席し、「あいさつをしたい」と申し入れたことを思い出した。その時は、採決を受けてから、壇上に立ち、「正しい経営と正しい組合は必ず一致する」と述べ、万雷の拍手を受けた。

その思いに違わず、会社の発展とともに、労働組合も大きく成長してくれたという感慨がわき、幸之助は壇上で、当時の委員長だった朝日見瑞《けんずい》の手を取り、喜び合った。

米国パナソニック社を訪問

訪米中の幸之助夫妻は、８月25日、クェーザー社のカラーテレビ工場を視察したあと、８月30日には、ニュージャージー州シコーカス市に前年完成したばかりのパナソニック社（アメリカ松下電器）の新社屋を初めて訪れた。

この時、従業員の集いであいさつをした幸之助は、

「今日この時ほど自分の胸を打つものはない。この世界一強大と言われるアメリカにおいて、このように立派な会社経営が私どもの手でできようとは夢にも思わなかった」

と語り、全員の努力をたたえた。

さらに、

「アメリカ建国２００年の繁栄の歴史は私どもの手本でもある。これまでのように皆さんが努力を続けるならば、この会社は10年先にはもっと発展していると思う。私は本年満81歳で、10年先は満91歳だが、もっと健康になり、その発展の姿を見に来たい。その時には全員の方々と握手をしましょう。１日で握手しきれなければ、何日かかってもすべての人

と握手をしたい」

と約束した。この言葉に、歓声があがり、拍手はしばらく鳴りやまなかった。

同社の前庭では記念植樹が行われ、全員が見守る中で幸之助は桜の若木を植樹した。9月3日、アメリカでの全日程を終え、夫妻は元気に帰国した。

それぞれの国や地域の繁栄に貢献しているか

「ナショナルランプ」を世に送り出して以来、「ナショナル」ブランドで製品を作ってきた松下電器でしたが、アメリカ進出にあたっては、それが叶いませんでした。「ナショナル」がすでにアメリカで商標登録されてしまっていたからです。

海外事業は、1960年代には、アジアやラテンアメリカの国々を中心とした各国、各地域でどんどん立ち上がっていきました。1969年に戦後初の海外販売会社として、アメリカ松下電器がニューヨークに設立されています。

その理念は、それぞれの国、地域の繁栄に貢献するという考え方。駐在員が帰国してきた時

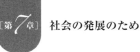

には、幸之助はいつも同じことを聞いたそうです。

「現地の会社は、その国から歓迎されているか」

「当社の製品は現地の人々に喜ばれているか」

「従業員は喜んで働いてくれているか」

駐在員は、日本に向かう飛行機の中で、「今日は何を話そうか」といつも考えるのを日課にしていたそうです。

アメリカで「ナショナル」ブランドが使えない中、1955年に開発されたアメリカ向けのスピーカーの名称が「パナソニック」でした。広がりを意味する「パン」と音を意味する「ソニック」の造語で、音響製品にぴったりで語感がいいということから作られたブランド名でした。

これがアメリカでのブランドになり、やがて世界各国で使われるようになります。日本でも、オーディオ製品などで使われるようになっていきました。

ただ、日本では社名の松下電器、白物家電のナショナル、さらにはパナソニックと3つもブランドがあって、どうしてもイメージが分散してしまうのも事実でした。これを統合しようということで、2008年、パナソニックにブランドが統一されることになります。

『私の夢・日本の夢 21世紀の日本』を発刊
○１９７７（昭和52）年▼82歳

１９７６（昭和51）年は、ＰＨＰ研究所の創設30周年に当るので、幸之助は、30年後の日本のあるべき姿を描いた書籍の記念出版を思い立った。

そこで、難局に直面している日本への反省と、自らの数々の体験、あるいは人間への深い洞察をもとに研究と考察を重ねた結果、30年後の日本を、みんなの知恵と力で望ましい社会にしなければならないという信念に立ち、社会各面の具体的な理想像を描いた夢とビジョンの書を発表した。

それが、１９７７（昭和52）年元旦に発売された『私の夢・日本の夢 21世紀の日本』である。

この本はまさに幸之助の30年にわたるＰＨＰ研究の積み重ねの中から生まれたものであり、困難を深めている日本に対する問いかけとその解決への方向付けを呼びかける書として、関心を呼んだ。

創業60周年を迎える

◯1978（昭和53）年▼83歳

経営新体制の布石により、全従業員に刷新の気風が興り、長期不況にも希望をもって挑戦する姿が見られるようになった。その中で迎えた1978（昭和53）年は、松下電器の創業60周年に当たり、幸之助は、病気静養中を押して、1月の経営方針発表会に出席し、あいさつに立った。

「今から60年前に、松下電器を創立した時はわずか3人だった。60年後の今日では、松下電器は、6万人を超える人数になっている。関係会社を入れると15万人に達している。そういう人たちがみんな松下電器で仕事をしていると思うと、私としては夢のようである。ゼロからこれだけのことができたのである。60年というと、個人であれば、〝還暦〟とか〝本卦がえり〟ということで、また元へ返って1からやり直すという習わしがある。松下電器も、本日、もう一度元に返って、15万人から再出発するのである。この次の60年には、私はもちろん、皆さんもおらないかもわからないが、とにかく発展したその巨大な姿は、想像もつかないほどになっていると思う」

そして演壇から歩み出て、深々と3度頭を下げ、「どうも皆さんありがとう」とつけ加えた。幸之助が頭を下げるたびに、大きな拍手が起こった。

「パングリマ・マンク・ネガラ勲章」を受賞

◯1979（昭和54）年▼84歳

1979（昭和54）年2月、幸之助は、マレーシアの産業発展に貢献したとして、「パングリマ・マンク・ネガラ勲章」叙勲の通知を受けた。これは、民間人に与えられる最高の勲章で、「タン・スリ」の爵位も付与されている。この爵位は、戦前の日本でいえば、「伯爵」に当たる権威あるもの。

マレーシアには、1965（昭和40）年にマレーシア松下電器を設立して以来、この時までに5社を設立。全従業員数はこの年、約3300人に達していた。

生産額の半分を輸出、経営の主要ポストに現地の人が当たるなど、名実ともにマレーシアの会社となり、同国の産業発展に大きな役割を果たしてきた。「まず相手国の繁栄に貢献する」との考え方がマレーシアで開花し、評価されたのである。

幸之助は、この叙勲を心から喜び、２月16日、クアラルンプールの首相官邸で行われた授与式に出席し、勲章を贈られた。

なお、短い滞在期間だったが、スケジュールの合間をぬって、幸之助は、現地各社を訪れた。行く先々で、赤いカーペットに花をまいたり、打楽器を打ち鳴らすなど、最高の礼を尽くして歓迎され、幸之助は胸が熱くなるのを覚えた。

中国を訪問

かねて中日友好協会（廖《りょう》承《しょう》志《し》会長）から招待を受けていた幸之助は、１９７９（昭和54）年６月25日から７月４日まで訪中し、熱烈な歓迎を受けた。

滞在中に、鄧小平《とうしょうへい》副首相、鄧穎超《とうえいちょう》全国人民代表大会常務委員会副委員長（故周恩来首相夫人）、谷牧《こくぼく》副首相、康世恩副首相ら政府要人と親しく会見（肩書は当時）。連日元気に行動し、中国の人々を感心させた。

廖《りょう》会長から、掛け軸「天寿の歌」を贈られた幸之助は、

「天寿とは１６０歳のこと。あと80年間、私も生きるが、みなさんも生きてほしい」

と述べ、大きな拍手を受けた。6月28日には、中国企業管理協会の要請で、「企業経営のあり方」について約2時間半にわたり講演した。

また、1978（昭和53）年10月来日の際に面談したことのある鄧小平副首相とは、2回にわたり人民大会堂で懇談、旧交を温めた。合間に、万里の長城、十三陵などを見物し、中国の歴史の重厚さに強い感銘を受けた。

この旅行を通して、幸之助は「21世紀は日本や中国などの繁栄の時代。大きな視野で、中国の近代化に協力しなければならない」との確信をさらに強め、帰国後、各界に積極的に働きかけた。なお、この訪中は、連日マスコミをにぎわした。

大きな視野に立ち、未来を描いて行動する

1978（昭和53）年、中国改革開放の父と呼ばれた鄧小平《とうしょうへい》副首相が来日。松下電器はテレビ事業部に迎え、懇談の場を持ちました。この時、鄧小平は幸之助に対して、「中国の電子産業の発展に力を貸してほしい」と要請するのです。

それに対して、「わかりました。できる限りお手伝いさせていただきます」と幸之助は答えました。改革開放を始めたばかりの中国で、請われたとはいえ真っ先に手を挙げて進出し、工場を建設したのが松下電器でした。

「井戸を掘った人間を尊敬する」

これが中国です。今でも中国では、松下ブランドの浸透度は高く、「松下（ソンシャー）」で通じます。亡くなった後も中国から表彰されているのが幸之助なのです。

中国への投資について、日本企業がまだまだ及び腰だった時代に、大きな視野に立ってその近代化に協力しなければならないと、行動した幸之助。

21世紀に日本が果たすべき役割を大きなスケールで描き、世に問い、実行に東奔西走する幸之助は、80歳を超えてなお、果てしない未来を見据えていたのです。

松下政経塾を開塾

◯1980（昭和55）年▼85歳

1980年代に入っても、日本はなお混迷の度を深めていた。

「21世紀には日本をはじめとするアジアに世界の繁栄が巡ってくる」と洞察した幸之助は、

その繁栄の受け皿づくりを熱心に提唱、自らもやむにやまれぬ思いから、その準備のための活動に着手した。

国家百年の大計に立ち、「新国土創成論」や「無税国家論」などの壮大な構想を発表、それらを実現するための方策についても、具体的に研究を始めた。

さらに、21世紀に理想の日本を実現しうる為政者をはじめ、各界の指導者を育成するために、私財70億円を投じて「松下政経塾」を設立した。

この塾は、1978（昭和53）年9月に構想を発表し大きな反響を呼んだもの。その後、文部省から財団法人の許可もおり、第1期塾生を募集したところ、全国から約900人が応募、3次にわたる厳正な審査の末に20人余の俊英が入塾。1980（昭和55）年4月、開塾した。松下政経塾の研修期間は5年間（特別塾生は3年間）で、「自習自得」を主眼とした研修機関である。

命を投げ出せるほどに、強い使命感を持てるか

幸之助が生涯をかけて目指したのは、「物心一如《ぶっしんいちにょ》の繁栄」。精神的に豊かに、そして物質的にも豊かに、でした。松下電器が担ったのは生産。ＰＨＰ研究所が担ったのは思想。そして幸之助がもう一つ、必要だと考えたのが、日本のリーダーの育成でした。80歳を過ぎてなお、やらねばならないと考えたことに挑んだのが、幸之助だったのです。

開塾式の日、実は前夜から風邪をひき、熱がありました。この年齢で発熱するというのは、命の危険にもつながります。周囲は開塾式への出席に反対しました。しかし、本人はどうしても出ると言いました。

開塾式を終え、記者会見も終了し、すべて終わって控え室に戻ったとき、「ご苦労様でした」と伝えた政経塾の塾頭に対し、幸之助はこう言ったのだそうです。

「今日は、無理やと思った。でも、もうこの身がどうなってもいいと思っていた。これで死んでも本望やと思ったんや」

この言葉を聞いて、塾頭は思わず目頭が熱くなったそうです。ここまで名を挙げた人が、そ

の命を投げ出すほどに、なぜそこまで駆り立てられるのか。私心など、あろうはずがない。この人は、本気で日本という国のことを考えている、と。

創業命知50年記念式典を開催

○1981（昭和56）年▼86歳

1981（昭和56）年は、創業から数えて63年目に当たるが、昭和7年に幸之助が事業の真使命を明示してから、ちょうど50年目になる。それを記念して、5月5日、枚方の松下電器体育館で創業命知第50年創業記念式が開催された。

幸之助は、元気に出席し、

「本日を期して、50年計画のうちの第2節の最終、総仕上げの年に入ると同時に、第3節を迎える準備をする大事な年としたい」

と強調。さらに、

「いかに努力しても、また社会の発展のために尽くしたいという強い使命感をもっても感謝と謙虚な態度がなければ、多くの人の支持を得ることはできません」

と訴えた。

この日を記念し、冊子として出版された『画伝　松下幸之助　道』（画　沢田重隆）が従業員に贈呈された。

日本国際賞授章式が挙行される

◯１９８５（昭和60）年▼90歳

幸之助は、「国際社会に対し、日本は新たな決意をもって科学技術の振興に寄与しなければならない」との強い念願を抱き、１９８２（昭和57）年11月に日本国際賞の創設を目的とした、日本国際賞準備財団を発足させ、自ら初代会長に就任した。

この準備財団は、１９８２（昭和58）年5月に政府の所管する公益法人となり、「国際科学技術財団」と名称を変更した。

１９８５（昭和60）年になり、幸之助の念願が実現、同年4月、第1回日本国際賞の授賞式が東京の国立劇場で行われた。幸之助は満90歳の高齢にもかかわらず出席し、壇上で受賞者に賞状と賞金を授与した。

日本国際賞は、毎年2件ずつ贈呈され、1件の賞金金額は5000万円である。

松下記念病院が竣工

○1986（昭和61）年▼91歳

1986（昭和61）年3月、松下記念病院が完成、披露式が行われた。前身の旧松下病院は、1940（昭和15）年に開設され、1953（昭和28）年に松下電器健康保険組合の直営になり、一般市民の診療にも当たった。

その後、4回の増改築が行われたが、老朽化で手狭になったため、1984（昭和59）年から総事業費約160億円を投じて建築を進めていたものである。

新病院は、地上7階、地下1階、別館に松下健康管理センターがある。延べ床面積は約3万平方メートルで、旧松下病院の約2倍、ベッド数も増え、脳神経外科を新設、夜間救急体制も整備されて、新しい市民総合病院としての役割が期待された。

披露式では、幸之助は高橋荒太郎顧問（松下健康保険組合理事長）とともに記念植樹を行い、続いて松下正治会長も加わり、3人でテープカットを行った。

ツイン21ビルが竣工

１９８６（昭和61）年４月、大阪ビジネスパーク（ＯＢＰ）に地上38階、地下1階の双子ビル「ツイン21」が完成し、松下電器と松下興産の共催で竣工披露式が行われた。松下興産が約３５０億円をかけて建設を進めていたもの。

披露式は、４階部分の吹き抜けでできた、両棟をつなぐギャラリーで行われた。高齢を押して出席した幸之助は、

「太閤さんの大阪城は約４００年前の大阪の繁栄を象徴するものですが、ツイン21もその名のように、21世紀に向けての大阪の繁栄に役立ってくれることを願っています」

と抱負を語り、終始なごやかな笑顔で招待した方々に応対した。

双子ビルの1つ「ＭＩＤタワー」には、富士通など約70の企業、団体が逐次入居をすすませていた。もう1つ「ナショナルタワー」には、松下電器および松下グループの各社が入居することになり、うち、松下電器は3月から4月にかけて、営業部門など29事業場の約１３００人が移動した。

勲一等旭日桐花大綬章を拝受

○１９８７（昭和62）年▼92歳

１９８７（昭和62）年４月29日、天皇誕生日に、春の叙勲者が発表され、幸之助は民間最高位の勲一等旭日桐花大綬章を受章することになった。

幸之助は、これまでに、１９５６（昭和31）年に藍綬褒賞、１９６５（昭和40）年に勲二等旭日重光章、１９６９（昭和45）年に勲一等瑞宝章、１９７１（昭和56）年に勲一等旭日大綬章を受章している。

５月８日、幸之助は皇居での親授式に出席、天皇陛下から親しく勲章をさずけられ、受賞者を代表して、お礼を申し述べた。民間人としての異例の受章は、社会への役立ちを第一に考えて活動してきた証であった。

94年の生涯に幕

○１９８９（平成元）年▼94歳

１９８９（平成元）年４月27日。この日、幸之助は生涯の幕を閉じた。死去の報は、内外のマスコミで取り上げられた。日本経済新聞は、号外を発行して報道した。NHKでは、番組を変更して、特別番組「松下幸之助さんを偲ぶ」を放送した。海外でも、ニューヨーク・タイムズ、フィナンシャル・タイムズなど、欧米をはじめ各国のマスコミで報じられた。

5月25日、松下電器と松下グループ各社による合同葬が、枚方の松下電器体育館でとり行われ、社外から約1万5000人、社内から約5000人が参列し、哀悼の意を表した。

多くの人の幸せを意識できるか

4歳のときに家が没落、9歳で商売の世界に足を踏み入れ、23歳で創業。14年後の37歳で自らの使命を知り、以降は事業家として、さらには事業家を超えた社会活動家、思想家、日本のオピニオンリーダーの一人として、物心一如の繁栄というものを追い求め続けた幸之助。

たくさんの困難を強い信念で乗り越え、自らの「道」を切りひらき続けた生涯でした。自分に与えられた道を希望を持って歩むならば、必ず「道」はひらけてくる、深い喜びもそこから生まれてくる。幸之助は、著書『道をひらく』に、そう記しています。

晩年、幸之助が松下記念病院に入院していたときの有名なエピソードとして、亡くなる1ヵ月前、報告に訪れた当時の役員に語った言葉が残されています。

「従業員は、みんな幸せに働いとるか」

おわりに

「そんなきれいごとを」「青臭いことを」「背伸びをしなくても」……。正論を唱えようとしたり、真面目に考えたことを言葉にするとき、そんな反応が返ってくることがあります。

しかし、大人になればなるほど、実は正しい言葉は強い力を持ってくることに気づくことになります。ある取材で、こんな話を聞きました。

「実は青白い理想は、大人だから言えるのです。力が伴わないと、青白いことは実現できないのですから」

松下幸之助という人物は、まさにこれを実践した人なのではないかと思います。本当の理想を妥協なく追求し、それを本気で目指した。本気で目指したがために、必要なものを手にしようと懸命の努力を重ねた。

幸之助が生まれてから、130年になります。この間、日本は幸之助も驚くほどの発展を遂げることになりました。しかし、ではこれが幸之助の理想としたものであったか、と言えば、どうやらそうは言えそうにありません。

物質的には豊かになったけれど、人間性は豊かになったか。幸之助が理想とするような「人づくり」は果たして進んだか。世界に冠たるリーダーは生まれたか。残念ながら、それはまだまだではないか、と感じている人が少なくないのではないでしょうか。

ただ、幸之助が思い描いていたのは、250年先の未来でした。25年を1世代として10世代の250年ビジョンに照らし合わせれば、今はまだ第3世代。問われているのは、これから先の世代に何を残せるか、ということです。

一方、それにしても改めて感じるのは、幸之助の人間としてのスケールの大きさです。これほど壮大な絵を描く傑物が日本に生まれていたということを、もっと日本人は誇るべきだと思います。

それこそ日本人以上に、幸之助について詳しい外国の人がいないとも限らない。それはあまりに残念なことです。

ただ、かく言う私自身、2023年に松下幸之助歴史館を取材するまで、実は詳しいことは知りませんでした。まさか、これほどまでに日本の社会にインパクトを残していた人だったのか、ということに驚きました。多くの人に、その衝撃を伝えられたら、と思います。

そして、本書の制作を担当できたことを、とても光栄に思っています。多くの人に、とりわけ若い人たちに、松下幸之助という人物を深く知ってもらえたら、と願っています。

最後になりましたが、本書の制作にあたっては、実務教育出版第一編集部部長の松原健一さん、出版プロデューサーの神原博之さんにお世話になりました。

また、取材のアテンドにあたっては、パナソニック オペレーショナルエクセレンスの小川均さん、石川ひとみさんにお世話になりました。この場を借りて、感謝申し上げます。

本書がこれからの日本の発展に、少しでもお役立ちできれば幸いです。

２０２４年９月　上阪徹

〔参考文献〕
「松下幸之助の生涯」（パナソニックホールディングス）
「画伝 松下幸之助 道」（パナソニックホールディングス）

『道をひらく』（松下幸之助　PHP 研究所）
『神様の女房』（髙橋誠之助　ダイヤモンド社）
『熱くなれ　稲盛和夫　魂の瞬間』（稲盛ライブラリー＋講談社「稲盛和夫プロジェクト」共同チーム　講談社）

本書をご購読いただいた特典として、松下幸之助歴史館で公開された「松下幸之助生誕130周年記念特別展～物心一如の繁栄～」（2024年4月24日～6月29日）の模様を、特別にスライド形式の限定動画で公開します。貴重な資料の数々をぜひご覧ください。
協力：パナソニックミュージアム、松下幸之助歴史館

企　　画　神原博之（K.EDIT）
企画協力　パナソニックオペレーショナルエクセレンス コーポレート広報センター
　　　　　パナソニックミュージアム、松下幸之助歴史館
写　　真　パナソニックホールディングス
装　　幀　藤井国敏
編集協力　Office Yuki
編　　集　松原健一（実務教育出版）

著者略歴

上阪徹（うえさか　とおる）

1966年、兵庫県生まれ。89年、早稲田大学商学部卒。

アパレルメーカーのワールド、リクルート・グループなどを経て、94年よりフリーランスに。幅広く執筆やインタビューを手がけ、これまでに取材した著名人は3000人を超える。ブックライターとして、これまで100冊以上の書籍を執筆。携わった書籍の累計売上は200万部を超える。

『彼らが成功する前に大切にしていたこと』（ダイヤモンド社）、『成功者3000人の言葉』（三笠書房　知的生きかた文庫）、『マインド・リセット』（三笠書房）、『ブランディングという力　パナソニックはなぜ認知度をＶ字回復できたのか』（プレジデント社）、『子どもが面白がる学校を創る』（日経 BP）、『１分で心が震えるプロの言葉100』（東洋経済新報社）、『JALの心づかい』（河出書房新社）、『マイクロソフト　再始動する最強企業』（ダイヤモンド社）、『明治大学はなぜ女子高生に人気 NO.1の大学になったのか？』（東洋経済新報社）、『成城石井はなぜ安くないのに選ばれるのか？』（あさ出版）、『10倍速く書ける　超スピード文章術』（ダイヤモンド社）、『職業、ブックライター。』（講談社）など著書は50冊を超える。『熱くなれ　稲盛和夫　魂の瞬間』（講談社）、『突き抜けろ　三木谷浩史と楽天、25年の軌跡』（幻冬舎）などのブックライティングを担当。

インタビュー集に40万部を超えた『プロ論。』（徳間書店）シリーズ、『外資系トップの仕事力』（ダイヤモンド社）シリーズ、『我らクレイジー★エンジニア』（講談社）など。

2011年より宣伝会議「編集・ライター養成講座」講師。2013年、「上阪徹のブックライター」塾開講。

雑誌、ウェブでは、AERA「現代の肖像」、「ゲーテ」「Forbes」「東洋経済オンライン、などで執筆。

松下幸之助《まつしたこうのすけ》
世界《せかい》でいちばん「しあわせ」を売《う》った男《おとこ》

2024年9月20日　初版第1刷発行

著　者	上阪 徹
協　力	パナソニックミュージアム、松下幸之助歴史館
発行者	淺井 亨
発行所	**株式会社実務教育出版**
	163-8671 東京都新宿区新宿 1-1-12
	電話　03-3355-1812（編集）　03-3355-1951（販売）
	振替　00160-0-78270
印刷・製本	TOPPAN クロレ株式会社

ISBN978-4-7889-1466-7 C0034